KB137935

한반도 평화교육
어떻게 할 것인가

한반도 평화교육
어떻게 할 것인가

초판 1쇄 인쇄 2018년 11월 6일
초판 1쇄 발행 2018년 11월 12일

지은이 이기범, 이성숙, 정영철, 정용민, 정진화, 최관의
펴낸이 김승희
펴낸곳 도서출판 살림터

기획 정광일
편집 조현주
북디자인 꼬리별

인쇄·제본 (주)현문
종이 월드페이퍼(주)

주소 서울시 양천구 목동동로 293, 22층 2215-1호
전화 02-3141-6553
팩스 02-3141-6555
출판등록 2008년 3월 18일 제313-1990-12호
이메일 gwang80@hanmail.net
블로그 http://blog.naver.com/dkffk1020

ISBN 977-11-5930-078-3 03370

* 가격은 뒤표지에 있습니다.
* 잘못된 책은 바꾸어 드립니다.
* 이 책은 저작권법에 따라 보호를 받는 저작물이므로 무단 전재와 복제를 금합니다.

이 도서의 국립중앙도서관 출판예정도서목록(CIP)은
서지정보유통지원시스템 홈페이지(http://seoji.nl.go.kr)와
국가자료공동목록시스템(http://www.nl.go.kr/kolisnet)에서 이용하실 수 있습니다.
(CIP제어번호: CIP2018035889)

어깨동무 평화교육 시리즈 1

한반도 평화교육
어떻게 할 것인가

이기범·이성숙·정영철·정용민·정진화·최관의 지음

살림터

4·27 판문점 남북 정상회담을 본 어린이가 그린 그림을 보았습니다. 문재인 대통령과 김정은 국무위원장이 악수하며 대화하는 장면입니다. 줄여서 소개하면, 김 위원장은 "같이 협동하며 새로운 미래를 엽시다. 모두 꿈꾸던 미래를 상상해보니 좋은 게 한두 가지가 아니군요. 당신을 믿고 그날을 끝까지 기다리겠습니다"라고 말을 건넵니다. 문 대통령은 "생각했던 것보다 훨씬 놀랍고 행복할 것입니다. 꿈꾸던 일, 가능성이 보이지 않던 낱말 '통일'! 서로 배신은 절대 하지 말고 하나가 되어 새로운 미래를 개척해 나아갑시다"라고 화답합니다. 이 어린이는 남과 북이 서로 믿고 힘을 합치면 행복한 미래를 만들 수 있다고 희망하고 있습니다.

남북이 평화와 번영의 시대를 열어가는 때에 평화교육의 방향과 방법을 새롭게 찾는 책을 펴내게 되었습니다. 한반도의 새로운 역사를 쓰는 지금, 평화교육은 어떤 역할을 어떻게 해야 할까요? 어린이의 그림처럼 서로 신뢰하면서 빛나는 미래를 만들어가는 데 평화교육이 기여할 수 있을까요?

우리 사회에서 평화교육의 역사는 별로 길지 못합니다. 1990년대 중반이 되어서야 시작되었다고 할 수 있습니다. 한반도에서 평화가 지속된 시기가 별로 없을 만큼 전쟁의 피해를 수없이 견뎌내야 했지만 막상 평화를 향한 사회적 관심이 싹틀 여건이 마련되지 못했기 때문인 것 같습니다. 근대의 동북아 역사만 보더라도 일본으로부터 침략을 당하고 중국으로부터 위협을 받는 시기를 겪었고, 한국전쟁은 끝난 것이 아니라 잠시 정지된 상태로 남아 있습니다. 그로 말미암아 전쟁과 폭력의 폐해는 한반도의 개인, 사회, 자연에 걸쳐 깊고 넓게 남아 있습니다. 이런 상처들은 산업화와 민주화 과정에서 사회 모순으로 불거졌습니다. 이에 맞서서 민주화운동, 노동운동, 환경운동, 교육운동, 여성운동, 통일운동, 대안문화운동 등이 자유, 인권, 정의, 평등을 주장하여 사회를 성숙하게 하는 데 큰 역할을 하였습니다. 이러한 가치의 실현은 평화 추구에 필요조건이므로 사회 변화와 더불어 평화의 토양이 다져지고 있었던 셈입니다. 1990년대 중반부터 북녘 사람들에 대한 인도적 지원이 시작되고, 6·15 남북정상 공동선언을 계기로 남북 관계가 대립과 갈등에서 화해와 공존으로 전환되면서 평화교육이 펼쳐지기 시작합니다. 사회단체들이 평화교육을 실행하고 학교교육에서도 도입되었습니다. 무럭무럭 자라나던 평화교육은 지난 보수정권에 의해 좌절의 아픔을 겪기도 했습니다.

20여 년이 지나면서 평화교육을 펼치는 사회단체가 늘어났고, 학교 교육과정에도 포함되고 있습니다. 최근 고등학교 교육과정의 학습 영역으로 평화와 공존의 윤리가 제시되고, '통합사회' 등의 과목에서 평화에 관련된 내용들이 소개되고 있습니다. 학교 안팎에서 평화교육이 증가하는 추세는 그 필요성에 대한 인식이 높아지고 있음을 나타냅니다. 평화교육의 필요성이 커지는 이유를 살펴보면, 첫째로 우리 사회의 다원화 현상이 분열과 갈등을 늘리고 있기 때문입니다. 사회 다원화를 초래하는 다양성과 다름을 합리적으로 해결할 수 있는 사회적 역량이 부족하기 때문에 분열과 갈등이 늘어난다는 지적이 있습니다. 그 유용한 해결 방안의 하나로 평화교육이 부각되는 것 같습니다. 다양성이 존중되는 공정한 사회로 성장하기 위해 정치 개혁과 경제 민주화 등 제도 변혁이 요구되는 한편, 교육 분야에서는 평화교육이 유용한 방안으로 거론됩니다. 둘째로 4·27 판문점 남북공동선언 이후 진행되는 평화와 비핵화 과정에서 삶의 질을 향상시킬 수 있는 조건으로 평화에 대한 관심이 커지고 있고, 평화 실현에 참여하려는 시민들의 관심도 커지고 있기 때문입니다. 통일을 해서 단일국가를 이룬다는 당위를 벗어나서 남북의 만남을 통해 경제와 문화 영역을 크게 확장하고 삶의 질을 개선한다는 실질적 전망이 펼쳐지고 있습니다. 이런 전망을 다듬고 현실로 이루어내기 위해 평화교육이 해야 할 일이 있습니다.

넓은 의미의 평화교육은 부정의, 불평등, 차별, 인권 유린, 폭력, 환경 파괴, 전쟁이 일으키는 고통을 줄일 수 있는 가능성을 찾아서 더 인간다운 삶을 지향하는 변혁입니다. 이런 관점으로 우리가 직면한 현실을 보면, 평화교육을 통해 한반도의 평화 추진 과정에서 불거지는 차별과 갈등을 조정할 뿐 아니라 그것들을 생산하는 사회구조와 문화를 개선하는 과정에 참여하는 시민을 육성할 것이 요청됩니다.

이 책에 담긴 글들은 이런 평화교육의 필요성을 염두에 두고 남북의 평화와 협력이 펼쳐지는 시대적 상황에 적합한 평화교육의 방향과 방안을 새로이 제시하고 있습니다. 일부 글은 2016년 11월에 열린 어린이어깨동무 평화교육센터 개원기념 심포지엄에서 발표한 글을 다듬은 것입니다.

책은 크게 두 부분으로 되어 있습니다. 1부는 평화교육이 통일교육과 시민교육과 연계되어 서로 보완될 수 있는 방향을 다양한 관점에서 제시하고 있습니다.

어린이어깨동무 이사장으로 남북 교류와 협력에 20년 넘게 참여하고 있는 이기범 교수는 남북의 사람들이 만남을 통해 마음의 경계를 낮춘 경험을 들려줍니다. 그러면서 남녘 사회 내에 그리고 남북 사이에 존재하는 마음의 경계를 낮추고 서로 존중하고 협력할 수 있는 미래를 내다보는 사회적 상상력을 기르는 것을 교육의 주된 목표로 삼을 것을 주장합니다.

북한학 연구자이고 어린이어깨동무 평화교육센터 소장으로 활동하고 있는 정영철 교수는 평화와 통일을 분리해서 사고하는 경향에 문제를 제기합니다. 한반도에서 가장 큰 폭력인 분단문제의 해결 방안으로서의 통일은 평화의 보편적 가치가 한반도적 가치로 실현되는 것이라고 설명하며, 이를 남북의 화해와 협력 그리고 남북의 신뢰와 연대를 평화를 위한 실천적 가치로 제시하고 있습니다.

고등학교 교사이자 통일교육 전문가인 정용민은 평화의 시대를 맞은 통일교육은 시민성교육의 차원에서 개선되고 보완되어야 한다고 제안합니다. 유럽 통합이 진전되는 과정에서 통합 유럽인의 정체성을 함양하고 사회 통합에 적극적으로 참여하는 시민 역량의 강화를 위해 도입된 시민성교육을 통일교육에 적용할 수 있는 가능성을 제시합니다. 그리고 한반도 분단과 그에 따른 반反평화적인 상황을 자신의 문제로 인식하고 그 해결책을 찾아 행동하는 참여 학습을 통한 평화능력 신장이 필요하다고 강조합니다.

2부는 우리 사회와 아일랜드에서 펼쳐진 평화교육의 사례를 소개하고 있습니다.

30년 넘게 중등 도덕 교사로 일하면서 '청소년문화연대 킥킥'의 대표와 '2030교육포럼' 준비위원회 공동대표를 맡고 있는 정진화는 아일랜드의 다양한 평화단체들을 방문하면서 다듬은 생각을 나누고 있습니다. 북아일랜드의 코리밀라, 아일랜드의 글렌크리 같은 단체들을 방문하고 평화실천가들과 만나면서 분쟁을 딛고 평화체제를 구축하는 과정 그리고 영국의 유럽연합 탈퇴로 다시 초래되는 불안감에 다가선 이야기는 우리의 평화교육에 많은 참고가 됩니다. 학교를 벗어난 자연 속의 평화 공간 조성, 학교폭력 문제를 해결하기 위해 또래중조Peer Mediation 프로그램 도입 등의 제안을 살펴볼 수 있습니다.

최관의는 30년 넘게 초등학교 교사로 일하면서 얻은 지혜와 어린이들에 대한 진한 애정을 담아 '원반럭비'로 배우는 평화교육 사례를 나눕니다. 이 글은 원반럭비라는 운동경기 수업을 통해 어린이들 하나하나의 심리적인 상태와 관계의 특징을 살피고, 이를 사람과 어울려 살아가는 공부와 연결하는 사례를 선생님과 어린이들의 생생한 입말을 통해 전달하고 있습니다. 이런 공부를 통해 결과보다는 과정과 사람을 중요하게 여기고 행동할 수 있도록 일 년 내내 마음을 내어야 한다는 이야기 속에서 교사의 마음이 평화교육에 얼마나 중요한지 다시 느낄 수 있습니다.

이기범과 어깨동무 평화교육센터 연구팀장으로 일하고 있는 이성숙은 평화교육을 가장 먼저 시작한 사회단체 중 하나인 어깨동무가 지난 20년 동안 평화시민 육성을 위한 교육을 펼친 사례와 과제를 소개합니다. 체험활동을 하면서 또래들이 협력과 대화를 통해 갈등을 조정하도록 격려하는 평화공동체의 발전 과정을 설명하면서 실제 북을 방문한 어린이들의 경험과 성장을 본보기로 보이고 있습니다. 남북 관계가 단절된 상황에서 개발된 '평화상상 토론카드'는 다양한 나이의 학습자들에게 여러 가지 매체와 연계하여 바로 활용할 수 있을 것으로 기대합니다.

이 책을 엮어내자고 제안하고 오랫동안 기다려준 도서출판 살림터의 정광일 대표에게 감사드립니다. 각각의 글을 하나의 훌륭한 책으로 만들어준 편집자와 디자이너에게 감사드립니다. 모든 연락을 비롯하여 품이 드는 지난한 일을 맡아서 수고한 어린이어깨동무 이성숙 팀장에게 감사드립니다. 남녘과 북녘 그리고 지구 곳곳에서 작은 평화를 펼쳐내어서 우리가 큰 평화 세상에 다가갈 수 있게 이끄는 모든 사람들에게 사랑과 존경을 바칩니다.

2018년 10월

이기범

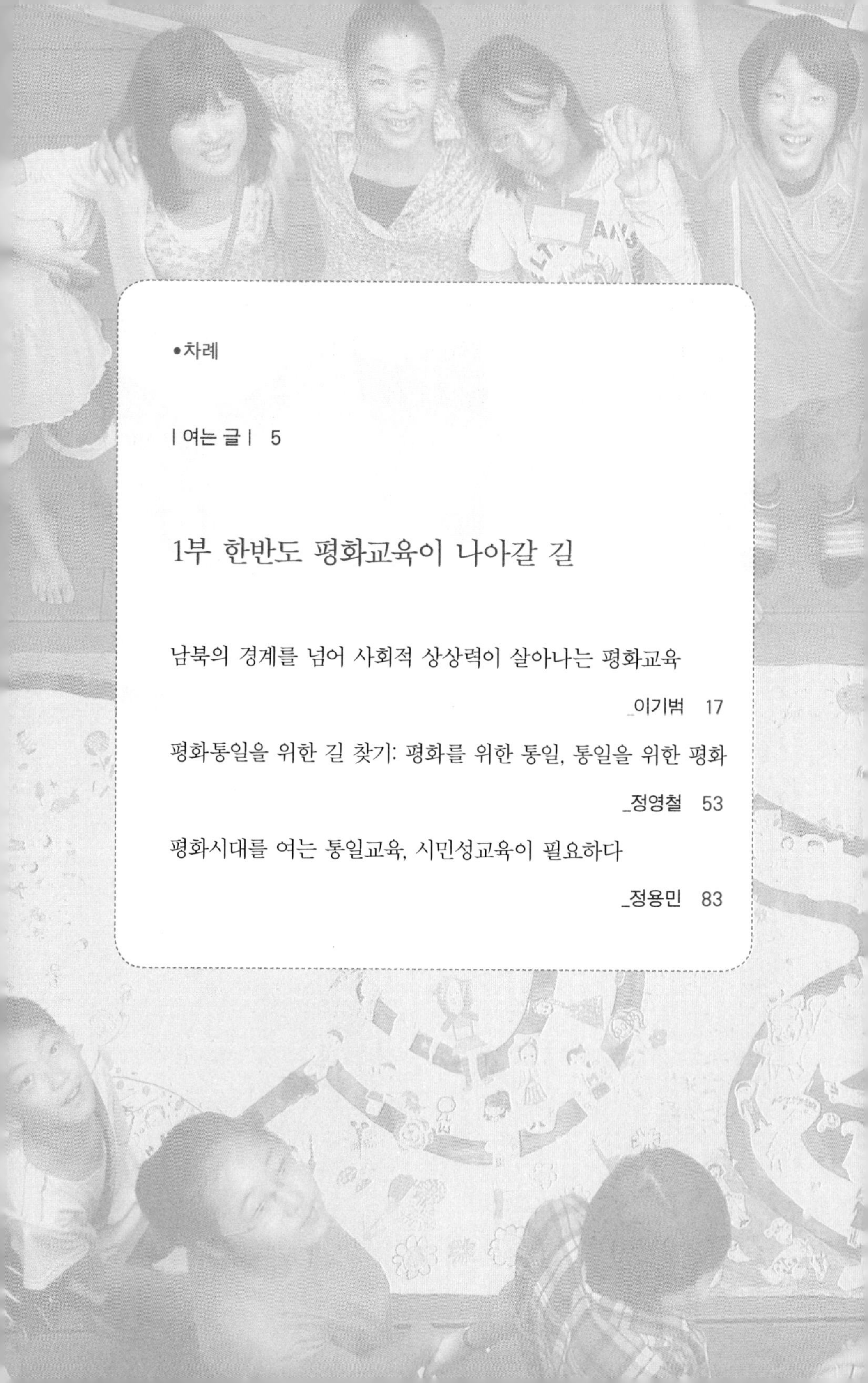

•차례

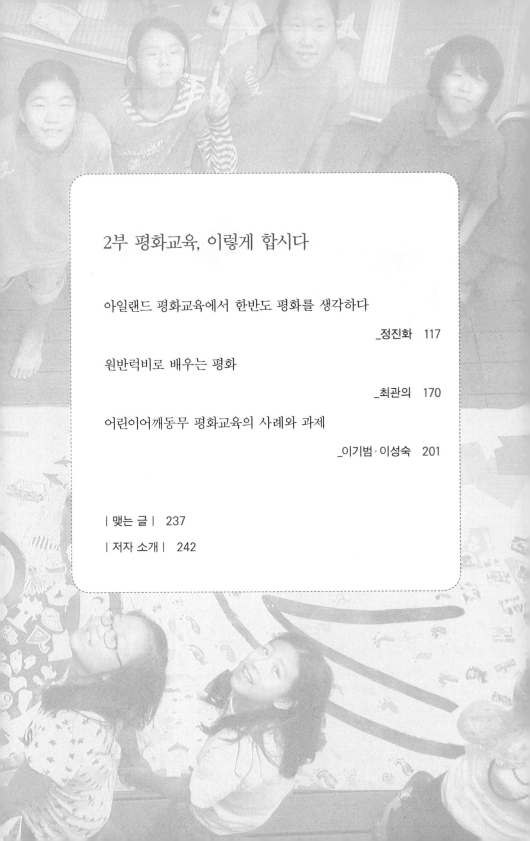

2부 평화교육, 이렇게 합시다

1부

한반도 평화교육이 나아갈 길

남북의 경계를 넘어
사회적 상상력이 살아나는 평화교육[1]

이기범

여는 말

"이 생애가 아니면 어느 생애에 나를 건지랴!"

평화교육에 참여하는 사람들의 마음이 이와 같아야 평화에 다가 갈 수 있으리라. 깨달음을 향한 서산대사의 마음을 평화에 담아본 다. 『선가귀감』에 나온 그대로 옮기면, "이 생에 이 몸을 피안으로 방 향을 잡아 건너지 못하면 다시 어느 생에 건널 것인가?"라는 말이 다.[2017: 93] 그 높은 뜻을 다 헤아릴 수 없으나 무엇을 이루고자 하면 필사적으로 절실해야 한다는 가르침이 크게 다가온다. 또한 마음만으 로 충분하지 않고 깨달음을 가로막는 경계를 넘어 그 너머의 세계로 가야 한다는 뜻이 무엇인지 깊이 살펴보게 된다. 그러면 자신의 생애

---

1. 이 글 후반부의 일부분은 2018년에 펴낸 필자의 책 『남과 북 아이들에겐 철조망 이 없다』의 일부 내용을 고쳐 쓴 것이다.

에 비평화의 세계에서 평화의 세계로 기필코 건너가야 할 이유를 찾는 사람이 보인다. 그리고 그 간절한 염원을 다른 사람들과 나누면서 평화를 이루어나가는 사람이 보인다. 그렇게 평화교육을 하는 사람은 비평화의 세계를 비판하고 성찰하여 평화의 세계로 넘어가는 '경계 교차border crossing'에 부단히 힘쓰는 사람이다.

판문점 정상회담이 열리기 전까지 10년 가까운 세월 동안 남북 관계는 긴 어둠의 터널을 지나야 했다. 어둠의 시간에서 북의 핵실험이 이어졌고, 그런 시도를 제재와 무력으로 분쇄하자는 목소리가 커졌다. 북에 대한 공포와 증오가 커지면서 우리 안에서 평화를 이루려는 마음이 죽어갔다. 적을 죽이려는 마음 때문에 우리의 일부도 죽어간 것이다. 이제 어둠의 터널을 벗어났다. 그러나 그 시간에서 비평화와 불의가 세를 키워갔던 절망의 기억을 잊지 않아야 한다. 그래야 평화를 향한 간절한 마음을 다질 수 있다. 절망의 기억이 힘이 되기도 한다.

평화에 다가갔던 희망의 기억도 되살려야 한다. 절망의 10년 앞에 희망의 10년이 있었다. 북녘 사람들이 거듭되는 자연재해로 고통을 겪던 '고난의 행군'이 불행 중 다행으로 계기가 되어 남북이 협력하면서 평화를 열어가던 시절이었다. 나는 1998년 11월 평양에 첫발을 디디면서 북녘 어린들을 위한 병원, 콩우유 공장, 학용품 공장을 북과 힘을 합쳐 세우고, 남북 어린이들의 만남을 시작했다. 불완전한 평화였지만 평화를 넓혀갈 수 있다는 희망이 솟아오르던 시절이었다. 학교 안팎에서 평화교육이 확산되었고, 내가 참여했던 단체의 평화교육도 더 널리 펼칠 수 있었다. 그러면서 내가 북쪽 사람들과 협력하였던 희망의 경험을 평화교육에 담았다. 나뿐 아니라 개성공단 등에서 많은 사람들이 평화에 다가갔던 희망의 기억을 평화교육을 새롭게 하는 자원으로 삼아야 한다. 희망의 기억이 힘이 된다.

남북이 평화와 번영의 가능성을 모색하고 있는 지금 평화교육의 길을 다시 찾아야 한다. 나 스스로도 지난 이십 년의 기억을 새기면서 절망에 좌절하지 않고 희망에 안주하지 않는 그런 평화교육의 길을 다지고 싶다. 그런 평화교육은 결국 남과 북의 사람들이 서로 만나도록 이끄는 과정이 되어야 하고, 만남을 가로막는 경계를 허물어야 하는 이유를 찾아가는 과정이 되어야 한다. 사람들의 만남이 거듭되면 대화하고 다투기도 하지만 서로를 더 이해할 수 있게 되고, 그러면 남북 관계를 변화시킬 수 있는 전망을 길어낼 수 있다. 또한 평화교육은 남과 북의 사람들이 경계를 넘어 만나서 서로에게 선이 되고 득이 되는 상생의 관계를 상상하는 과정이 되어야 한다. 평화교육은 남과 북의 사람들이 만나야 하는 이유와 방안을 찾는 공론의 장, 이해와 협력의 결실을 내다보는 상상의 장이 되어야 한다. 지난 20년의 경험을 담아서 그런 평화교육의 이야기를 펼치고자 한다.

평화교육의 성립 조건, 교사의 마음

먼저 평화교육을 할 수 있는 조건을 알아보자. 평화교육이 다른 종류의 교육과 공유하는 속성에 관해서는 따로 말할 필요가 없겠고, 다른 점을 짚어보면 그 조건을 알 수 있겠다. 여러 가지로 다른 점이 있겠지만 교사와 관련하여 두 가지를 이야기하고 싶다. 첫째, 평화교육은 권력관계에 개입하는 정치적 효과가 있기 때문에 방향이 잘못되면 오히려 더 기존의 폭력과 억압을 조장할 수 있다는 위험성을 교사가 인식해야 한다. 둘째, 평화교육은 사람을 평화적 존재로 형성하는 과정이기 때문에 교사가 먼저 평화를 향해 절실한 마음을 가져야 존재 형성이 가능함을 인식해야 한다. 앞의 조건은 평화교육을 조심하는 마음이고, 뒤의 조건은 정성스러운 마음이다. 교사의 조심스러운 마음과 정성스러운 마음이 평화교육의 '성립 조건the conditions of possibility'이다.

평화교육의 위험성을 조심하는 교사

평화교육이 오히려 폭력과 억압이 지속되는 것을 거드는 의외의 결과를 낳을 수 있다. 평화교육을 하는 사람들은 이런 잠재적 위험성을 견제해야 한다. 잘 알고 있듯이 평화교육의 목표는 '현상 유지'가 아니라 '현상 변혁'이다. 그래서 교육 참여자들이 폭력을 조장하고 은폐하는 기존의 권력관계를 변혁할 수 있는 역량을 개발하기를 기대한다. 교육으로 개발된 역량을 발휘하여 권력의 구조와 문화를 변혁하려는 시도는 여러 가지 형태로 나타난다. 억압구조와 폭력문화가 굳건할수록 변혁 시도에 반하는 저항과 갈등이 커질 수밖에 없다. 만약 평화교육이 그러한 저항과 갈등을 '비평화적 시도'로 간주하고 자제를 요청하면, 폭력과 억압을 조장하는 기존 권력을 정당화하고 수호하는 역할을 하게 된다.

또 평화교육이 폭력과 억압이 사회제도와 관련되어 있음을 외면하고, 제도의 변혁 방안이 아니라 대처 방안만을 개인적 차원에서 찾자고 할 때에도 권력을 옹호하는 역할을 자처하게 된다. 개인이 치유와 수양을 통해 영성을 회복하여 마음의 평화에 머무르는 것으로 교육을 제한한다면 그런 경우에 해당된다. 개인의 치유와 영성 수련은 의미 있는 활동이다. 그렇지만 사회제도에 대한 문제제기와 연결되지 못하면 '창백한 자기만족'에 그쳐서 억압적 사회질서를 승인하는 효과를 낳게 된다.

전문가들이 기존 사회질서를 당연시하면서 평화 개념을 '보편화'해 버리면 그 개념 자체가 권력이 되고 억압을 초래한다. 기존 질서에 대한 도전을 허락하지 않는 평화 개념을 적용하여 사회에서 소외된 약자들의 고통과 피해의 경험을 이해하기 어렵다. 그이들의 고통과 피해의 원인이 사회제도가 아니라 그이들 자신의 잘못인 것으로 규정되기 때문이다. 고통과 피해를 인정하더라도 사회질서에 위협이 되지 않는 '평화적' 문제제기와 저항만이 용납된다. 현실의 예를 보면, 보편성을 지향한다는 국제질서와 국제기준은 주로 강대국들에 의해 결정되고 약소국들의 의견을 무시하는 도구로 자주 활용된다. 평화적 시위를 무력으로 탄압하고, 파업을 법적으로 처벌하는 행위 또한 종종 보편성이라는 명분으로 저항을 질식시키는 사례이다. 평화교육이 기존의 평화 개념을 무비판적으로 따르면 기존 권력이 방조하는 억압과 차별을 방관하는 수단으로 전락할 수 있음을 인식해야 한다.

폭력과 차별을 생산하는 권력관계를 변혁하려는 노력은 일사불란할 수 없고, 긴장, 충돌과 대립이 오히려 당연하다. 그러므로 평화교육은 정형화된 평화 개념을 전달하고 오직 그 개념이 허용하는 평화 방안을 찾는 메마른 과정에 주력해서는 안 된다. 대신 폭력과 억압에 관한 다양한 경험들이 분출되고 소통될 수 있도록 장려해야 한다. 정말 심각한 피해, 즉 사회적 약자들 중에서도 약자가 겪는 끔찍한 고통의 경험은 다른 사람들에게 꺼내기도 어렵고 다른 사람들이 이해하기도 어렵다. 그런 경험은 그것을 겪어보지 못한 사람들의 상식과 상상을 넘어서기 때문이다. 평화교육을 하는 사람들이 정말 관심을 쏟아야 하는 경험은 미처 표현되지도 못하는 경우가 더 많다는 것을 인식하고, 그런 경험을 경청하고 이해하려고 애써야 한다. 그런 노력의 과정에서 기존 질서를 벗어나는 저항과 불복종 등의 가능성을 열어놓고 변혁의 새로운 방안을 토의해야 한다. 평화교육의 잠재적 위험성을 인식하면, 정해진 평화 개념과 실천 방안을 그대로 따르는 것이 아니라 피해와 고통의 다양한 경험에 대해 소통하는 과정에서 새로운 개념과 실천 방안을 모색할 수 있다.

평화를 향한 절실한 마음으로 비판하고 혁신하는 교사

평화교육은 수학교육 같은 교과교육과 다르다. 바로 반론이 나오겠다. 예를 들면, 평화교육철학자 나딩스Noddings, 2005는 수학을 활용하여 평화교육을 하는 기획을 제시하고 있기 때문이다. 수학을 평화교육에 활용할 수 있지만 두 교육은 그 목표가 분명히 다르다. 수학교육을 먼저 말했지만 평화교육은 국어교육, 과학교육과도 다르다. 앞에서 말한 대로 평화교육은 그런 교과들과 달리 기존 권력을 비판하고 변혁하는 목표를 갖는다. 또한 수학교육 등은 수학을 잘하도록 학습하는 행위(to do)에 중점을 두는 반면에 평화교육은 행위를 넘어서서 평화로운 사람, 평화로운 존재(to be)를 형성하는 과정(formative process)이다. 수학문제를 잘 풀어서 자신과 세상을 인식하는 관점이 변화될 수 있지만 그 변화가 수학교육의 목표는 아닐 것이다. 반면에 '평화에 이르는 10가지 방법'을 달달 외우고 때로는 실천도 하지만, 자신과 세상을 인식하는 관점에 변화가 없다면 평화교육의 목표를 달성했다고 말할 수 없다. 어떤 행위를 하게 되는 교육보다 어떤 존재가 되는 교육, 비판과 변혁의 관점을 갖춘 사람이 되는 교육은 훨씬 어렵다. 어려울 뿐 아니라 교육을 통해 어떤 존재가 되도록 하는 것이 과연 가능한가를 의심하는 사람도 꽤 많다.

평화교육은 매우 어렵지만 가능하다. 다만 교사가 간절하게 평화를 원하고 학생들과 함께 평화를 이루어나가기를 원해야만 가능하다. 물론 교육은 교학상장教學相長의 과정이다. 교사는 학생이 겪은 폭력의 고통에서 배워야 하고, 학생들이 평화교육을 하자고 교사에게 먼저 제안할 수도 있다. 그렇더라도 먼저 교사에게 평화를 향한 간절함이 있어야 그런 기회를 교학상장의 계기로 삼을 수 있다. 어떤 교육학자들은 교사에게 필요한 것은 지식과 지식 전달 방법의 전문성이지 어떤 가치관과 세계관을 갖고 있는가는 논할 필요가 없다고 주장한다. 평화교육이 유용하게 활용해야 하는 교육 방법은 있지만 평화교육에만 독특한 교육 방법이 있어서 그것이 교사의 전문성을 가늠하지는 않는 것 같다. 잘 학습하게 안내할 수 있는 적당한 교육 방법이 있다면 평화교육에도 그 방법을 적절하게 변형하여 잘 적용할 수 있으므로 대단한 전문성이 요구되는 것은 아니다. 오히려 앞에서 말한 수학교육과 같은 경우에도 교사의 가치관의 역할이 적지 않다. 특히 현실을 비판하고 변혁하는 관점을 형성하는 교과에서는 그 영향이 지대하다. 민주주의를 학습하는 사회 교과의 담당 교사가 권위주의적 가치관을 갖고 있고 그런 가치관이 학생들에게 표출되면 사회교육이 성립되기를 기대하기 어렵다. 비평화적 가치를 지지하는 교사가 평화교육을 이끄는 것은 불가능하다.

평화교육을 하는 교사가 갖추어야 하는 전문성은 비평화를 비판하고 평화를 실현하려는 변혁과 참여의 마음이다. 널리 알려진 대로 마르크스Marx, 1988는 "이제까지 철학자들은 이런저런 방식으로 세상을 이해하려고만 했다. 지금부터 철학자들의 과제는 세상을 변화시키는 것이다"라고 주장했다.[2] 철학자와 마찬가지로 교사는 '관찰자'로서 외부 세계를 기존의 관점으로 설명하고 해석하는 '객관적' 존재에 그쳐서는 안 되고, '참여자'와 '변혁자'로서 새로운 관점에서 변화의 가능성을 찾아야 한다. 기존의 지식을 효과적으로 전달하는 방법이 교사의 전문성을 결정한다고 착각해서는 안 된다. 진정성이 있는 교사라면 기존 질서와 평화 개념을 재생산하는 기술자가 아니라 지성인intellectuals으로서 비판하고 변혁하는 공적 책임감을 가져야 한다.Giroux, 1992 평화교육에 참여하는 교사는 '경계 교차자border crosser'로서 폭력과 억압을 지탱하는 경계를 허물고 평화와 평등으로 나아가는 창조자가 되어야 한다. 교사가 먼저 경계 교차자가 되어 평화 사회를 창조하려는 의지가 있어야 학생들과 함께 비평화의 고통을 공유하고 소통하면서 평화의 실현 방안을 찾아갈 수 있다.

---

2. 『포이어바흐에 관한 테제(Theses on Feuerbach)』의 마지막 문구로서 마르크스의 비문에 새겨져서 유명해졌다. "The philosophers have only interpreted the world, in various ways; the point, however, is to change it." 영어 원문의 이 문구에서도 the point가 뜻하는바, 즉 '지금, 여기에서'라는 뜻이 절실히 중요함을 알 수 있다.

한반도 안의 '코끼리'를 몰아내는 평화교육

교사가 평화를 절실하게 원하는 마음을 갖고 경계 교차자가 되기는 쉽지 않다. 나 자신도 1990년대 중반에 들어서야 평화교육에 관심을 갖게 되었으니 그리 오랜 내력을 지니지는 못했다. 군부독재의 폐해를 겪으면서 성장하였기에 교육학을 공부하며 자유, 평등, 정의를 추구하는 데 마음을 쏟았다. 남녘 사회의 모순이 분단과 연결되어 있음을 인식하고 나서야 비로소 그 해결 방안으로 평화의 실현과 교육을 찾게 되었다.

사람들은 폭력의 피해를 겪으면 대부분 폭력이 일어나지 않게 하거나 줄이려고 애쓴다. 그러나 폭력의 원인을 시정하여 폭력이 원천적으로 생기지 않게까지 노력하는 사람은 많지 않다. 심지어는 이차 피해를 두려워하여 자신이 피해를 입었다는 사실조차 부정하는 경우도 있다. 분단으로 인해 생기는 폭력과 억압에 대처하는 방식도 이와 비슷한 것으로 보인다. 나의 경우에도 과거에 군부독재가 분단을 빌미로 독버섯처럼 자라났지만 독재를 타도하는 데 더 열중하였지 그 토양이 되는 분단의 모순 해결에까지 나의 관심을 연결하지 못했다. 폭력의 직접적 동인을 변화시키려는 투쟁도 물론 필요하지만 대증요법에 그치기 쉬우므로 더 나아가서 그 근본 원인을 변혁시키려는 노력이 필요하다.

문제의 근본 원인을 외면하는 태도를 '방 안의 코끼리'를 외면하는 것에 비유할 수 있겠다. 이 비유는 코끼리가 방을 가득 차지해서 방에서 아무 일도 할 수 없게 만들 정도로 큰 문제임을 모두 알지만 정작 아무도 이야기하지 않는 현상을 가리킨다. 그 존재를 말하면 서로 곤혹스러워지고 분쟁이 커질 수 있기 때문이다. 때로는 말하는 것 자체가 명시적이거나 묵시적으로 금기되어 있는 적도 있겠다. 그래서 아예 코끼리가 없는 것처럼 잊고 살거나 코끼리가 아니라 너구리쯤이 들어앉아 있는 것 정도로 깎아서 위안을 삼기도 한다. 앞에서 말한 대로 평화교육이 방향을 잘못 잡으면 이런 결과를 초래한다.

코끼리 비유를 통해 변혁의 마음을 갖기를 말하자면, 먼저 코끼리가 방 안에 있다는 사실을 그 방에 사는 사람들이 함께 인식해야 코끼리를 몰아낼 결심을 할 것이다. 자신이 고통을 겪고 있다면 나만 그런 것인지 방 안의 다른 사람들은 어떤지 알아봐야 할 것이다. 그래서 많은 사람들이 고통을 받고 있다면 특정한 사람을 원망하거나 비난하는 대신 고통의 원인을 함께 찾아야 한다. 코끼리가 모두에게 폐해의 원인이 된다는 것을 교사가 인식하고 학생들과 공유해야 코끼리 몰아내기에 함께 나설 수 있다. 우리 사회에서 폭력과 억압을 초래하는 코끼리는 무엇인지를 알아가는 과정이 곧 평화교육의 시작이다.

경계 허물기 혹은 뛰어넘기

우리 사회에는 폭력과 억압을 정당화하는 많은 '코끼리'가 있겠지만 가장 큰 코끼리 중 하나는 분단으로 생겨난 땅과 마음의 경계이다. 남과 북 양측의 군사분계선 그리고 그 사이에 있는 비무장지대는 지구상에서 가장 잔혹한 물리적 장벽hard border이다. 말 그대로 비무장지대에는 무장병력과 군사시설이 배치될 수 없다. 그러나 남북은 각자 전방관측소와 추진 철책선이라는 구실로 곳곳에 진지를 구축하고 중무장한 병력을 주둔시키고 있다. 강원도 양구 가칠봉 근처에 있는 양측 초소의 거리는 740미터에 불과하다. 이 때문에 무력 충돌이 돌발하여 전면전의 위기에 이른 적도 수차례 있었다. 곳곳에 남아 있는 지뢰는 더 살벌하다. 한국전쟁 중 남북 양측의 군인과 미군, 중국군이 매설하고 살포한 지뢰가 무수하고, 전쟁 후인 1980년대까지 지뢰 매설과 살포가 이어졌다고 한다.서재철, 2018 묻힌 위치를 알 수 없는 지뢰가 100만 발쯤으로 추정될 정도이므로 비무장지대가 세계 최대의 폭탄 밭으로 꼽히는 것도 무리가 아니다. 비무장지대는 실제로는 '최대 무장지대'이므로 허락받지 않고 경계를 가로지르려면 목숨을 내놓고 가야 한다. 남북 관계가 좋았을 때 개성과 금강산에서 북측 관계자들과 회의를 할 때에도 나는 거기까지만 갈 수 있었다. 너무나 당연한 말이지만 남과 북 사이에 전쟁과 충돌의 위협을 없애려면 땅의 경계를 걷어내야 한다.

우리는 일상에서 남과 북 사이의 경계가 무시무시하게 위험하다는 것은 물론 경계가 있다는 사실조차 잊고 산다. 대한민국의 영토는 헌법에 한반도 전체와 그에 딸린 섬들로 명시되어 있지만 실제로는 휴전선에서 끝난다. 즉, 우리는 실제로는 '섬'에서 살고 있으나 그 사실을 인지하지 못하고 산다. 땅 길로 더 갈 수 있는 곳이 없고 비행기나 배를 타야 다른 나라로 갈 수 있으니 그것이 곧 섬이 아니겠는가? 분단 이후 남녘 사람들의 세계관은 자연히 태평양 쪽 미국과 일본으로 치우쳤고 대륙과 유럽은 먼 땅이 되었다. 지리상의 방향뿐 아니라 생각의 방향도 편중되어갔다. 한 예로 미국식 민주주의가 유일한 선택처럼 굳어지고 북유럽식 사회민주주의는 불길한 것으로 여겨진다. 남북의 경계가 우리의 세계관과 활동 반경을 제한하고 구속한다는 것을 인식해야 한다. 그래서 그 경계를 허물 필요성을 느끼고 북녘을 거쳐 대륙으로 활짝 뻗어나가는 미래를 상상해야 한다. 분단 이전의 사람들이 그랬듯이 기차를 타고, 이제는 자동차와 자전거를 타고 파리까지 갈 수 있다. 이런 이야기를 지인과 나누었더니 미술을 하는 상상력 풍부한 그이는 「부산에서 런던까지」라는 큰 그림을 두 점 그렸다. 그 그림을 소개한다. 유튜브에서 그 그림을 볼 수 있고 학습에 활용하기에 유용하겠다.[3]

평화를 향한 변혁의 절실함은 남과 북 사이에 그리고 남녘 사회 안에 세워져 있으나 보이지 않는 마음의 경계가 폭력과 억압을 생산하는 현실을 파악해야 생길 수 있다. 분단시대를 거치면서 남과 북은 서로 적으로 대치하고 서로를 비인간화해왔다. 남북 양측에서 적을 악

---

3. URL 주소는 다음과 같다.
   https://www.youtube.com/watch?v=a3IlcetNOLM
   https://www.youtube.com/watch?v=LyiaBODrPGY

「부산에서 런던까지」. 린다 형(Linda Hyong)의 작품

마로 만들고, 악마의 이미지를 사회에 확산하는 작업을 국가가 이끌었다. 남녘의 경우만을 말하자면, 북의 악마화는 어린이들에게도 그대로 여과 없이 전달되었고 북녘 사람들은 머리에 뿔이 달린 괴물로 각인되었다. 최근 들어서도 이명박 정부와 박근혜 정부는 북의 악마화를 적극 추진했다. 통일교육을 안보교육, 반공교육, 나라사랑교육으로 대체하여 '반反평화교육'으로 변질시켰다. 정부가 주도하여 교육이라는 이름으로 초등학교 어린이들에게조차 북에 대한 적개심과 공포만을 불러일으켰다. 한 예로 2014년 7월에 서울의 어느 초등학교에

서 나라사랑교육을 받던 6학년 학생들이 담임교사와 함께 강의실을 뛰쳐나간 사건이 벌어졌다.『오마이뉴스』 2014년 7월 18일 자 현역 군인이 강사로 나선 강의가 끝나갈 무렵 방영한 동영상에 악마의 형상을 한 북의 사람들이 벌이는 고문 장면 등이 그림으로 표현되었는데, 너무 무서워서 도저히 더 볼 수 없었다고 한다. 아이들과 교사들 모두 큰 충격을 받았다고 한다. 어릴 때부터 각인된 북의 악마 이미지는 북에 대한 공포를 키우고 북의 위협을 과장하여 남북 대화를 가로막는 데 큰 역할을 해왔다.

남녘 사회 내에서도 자신과 생각이 다른 사람들을 적으로 지목하고 악마화하는 경계를 쌓았다. 경계 너머에 있으면 사람이 아니라 적이고, 국민이 아니라 비국민이며, 우리가 아니라 타자other로 간주된다. 가장 냉혹한 마음의 경계는 극도의 반공주의에서 생겨나는 '종북' 낙인찍기와 혐오감이다. 사회의 억압과 불의를 비판하거나 북을 대화 상대로 인정하고 평화를 추구해야 한다는 주장을 하면 종북 혹은 친북의 여지가 있다고 분류해 공격하고 감시하고 제거해왔다. '친북'과 '반국가'를 기준으로 그어진 자의적 경계로부터 여러 가지 경계들이 만들어지고 적과 타자들이 만들어졌다. 생각과 삶의 다름과 다양성은 위험하고 불순한 것으로 간주되었다. 이주동포, 국제결혼여성, 이주노동자, 여성, 장애인, 성적 소수자, 양심적 병역 거부자, 비정규직 노동자 같은 약자들이 타자들이며 잠재적 적들로 매도당했다. 최근 난민들에게 던지는 극도의 경계감과 거부감은 이런 경계 만들기와 연관된다고 여겨진다. 남녘 사회에서 만들어진 마음의 경계는 사회에 대한 비판과 성찰 그리고 삶의 다양성을 억압하는 수단으로 자리 잡았다. 평화교육은 마음의 경계 때문에 겪는 각종 고통과 피해를 소통하고 공감하면서 연대하여 그 경계를 허무는 일을 변혁의 과제로 삼아야 한다.

폭력에 대한 분노에서 평화 길어 올리기

박근혜 정부가 비밀리에 작성하여 시행했다는 블랙리스트와 화이트리스트는 경계를 갈라서 억압하거나 특혜를 주는 폭력의 전형이다. 블랙리스트는 야당 정치인을 지지하거나 세월호 침몰 사고 등 정부의 잘못에 대한 책임을 촉구하는 문화예술인들과 사회단체들을 좌파 성향 인물로 낙인찍고 불법으로 사찰하고 불이익을 주고 탄압하는 데 악용되었다. 반면에 화이트리스트는 친정부 인사와 단체들로 분류된 명단으로 정부 조직과 기업들을 통해 예산을 지원하거나 요직에 배치하는 데 사용되었다. 경계를 나누어서 경계 너머에 있는 사람들을 적으로 규정하여 탄압하는 방식은 이미 이명박 정부 때부터 시작되었다고 한다. 내가 참여하는 단체도 블랙리스트에 올라 있었다는 사실과 주변의 여러 사람들 역시 거기에 포함되었다는 사실을 최근에 알게 되었다.

경계와 적을 만들어내는 일은 특정한 사람들뿐 아니라 전 국민에게 시도되었다. 탄핵 촛불집회가 한창이던 때에 계엄령 선포가 준비되었다는 보도는 그런 무차별적 시도를 낱낱이 드러낸다. 군부와 정부의 일부 세력들이 평화적 촛불집회에 참가하는 수많은 시민들을 군 병력을 동원하여 진압할 실행 계획을 세웠다는 것이다. 자유롭게 의견을 표현하는 시민들은 '반정부 집단'과 '반국민'이므로 무력화하고 제거해야 한다는 음모는 우리 사회에 기생하는 경계 가르기에서 비롯된 발상일 것이다. 평화교육을 하는 사람들은 민주주의가 성숙되어가고 있는 우리 사회에 경계 만들기와 적 만들기가 여전히 유령처럼 돌아다니는 현실에 분노해야 하고, 그런 유령을 되살리는 요인에 대해 성찰해야 한다.

그러므로 마음의 경계가 어떻게 혐오와 공포를 불러일으키는지를 토의하는 것이 평화교육의 주요 주제 중 하나가 되어야 한다. 경계에 따른 혐오와 공포는 결국 나와 다른 모든 것에 대한 혐오와 공포이다. 경계는 다른 의견과 다른 삶의 방식을 용납하지 않고, 다름과 다양성을 혐오하고 증오하도록 조장한다. 혐오와 공포는 기득권자들이 생각하고 살아왔던 방식 외에 다른 방식이 있을 수 있다는 상상조차 말살시킨다. 혐오와 공포는 그것을 무기로 공격하는 사람과 당하는 사람 모두에게 공격성과 폭력성을 내면화한다. 혐오와 공포는 분류와 차별에 만족하지 않고 처벌과 학살에까지 이른다.

마음의 경계에 관한 학습의 과정에서 혐오와 공포 때문에 한국전쟁뿐 아니라 전쟁 전후로 얼마나 많은 사람이 죽었는가를 교사와 학생들이 함께 조사하기를 기대한다. 경계 너머의 사람들을 '비인간',

'비국민'으로 단정하고, 그들에 대한 대량학살, 국가폭력, 문화폭력(억압과 차별)이 정당화되었다. 국가가 자행한 학살과 폭력을 하나하나 짚어가다 보면 세상 어떤 나라가 그렇게 국민들을 죽일 수 있을까라고 분노하게 된다. 몇몇 사건만 짚어보자.

제주 4·3 사건은 한국전쟁 전인 1947년부터 주민들의 저항을 무력으로 진압하면서 시작되어 전쟁이 끝난 1954년까지 당시 제주도 인구의 10분의 1에 가까운 3만 명이 죽은 사건이다. 또한 정부는 한국전쟁이 일어나자마자 국가조직을 동원하여 전국에서 정치범, 국민보도연맹 가입자 등 경계 너머에 있다고 의심되는 민간인들을 학살했다. 충남 공주 말머리재, 대전 산내면, 충북 청원 분터골 등지에서 전쟁 전후에 학살로 희생된 사람이 100만 명에 이른다고 한다.^{김득중, 2018} 희생자의 숫자뿐 아니라 학살 방법이 충격적으로 잔인하다. 총살은 그나마 평범한 방식이고, 확인사살, 생매장, 수장, 죽창이나 일본도에 의한 참살, 참수, 효수, 굶겨 죽이기, 때려죽이기 등 이루 표현할 수 없이 처참했다고 한다. 전쟁 중 미군에 의한 민간인 학살도 여러 건 보고되고 있다. 미 정부의 보고서에 따르면, 미군은 적대 행위를 했다는 증거도 없이 피난민들을 공중과 지상에서 무차별적으로 발포하고 학살했다.^{강성현, 2018} 충북 영동 노근리에서 자행된 피란민 학살 사건이 그런 참상 중 하나이다. 가해자들은 그들을 적이고 타자이며 비국민으로 규정한 마음의 경계 덕분에 죄의식도 느끼지 않으며 학살을 자행할 수 있었다. 가해자들은 편협한 마음의 경계 때문에 집단학살을 애국이라고까지 착각했다. 평화교육에서 마음의 경계로 정당화된 학살과 폭력의 역사를 밝히고 그에 대해 마땅히 분노하는 과정은 꼭 필요하다. 분노해야 비극을 방지하고 평화를 이룩하려는 의지가 굳어진다.

평화교육은 분노에 그치는 것이 아니라 경계 너머에 있는 사람들을 탄압하는 충동이 여전히 우리 안에 붙박여 있지 않은가를 성찰하는 계기를 마련해야 한다. 민간인 학살을 연구하는 학자[김득중, 2018: 84]는 학살의 기억이 아직도 우리 사회에 영향을 떨치고 있다고 지적한다.

집단학살을 경험한 사람들은 대한민국이라는 사회에서 몸을 부대끼고 관계를 맺으며 살아갈 수밖에 없는 존재였다. … 학살은 가해자와 피해자만의 이야기고, 다른 사람에게는 아무런 영향을 끼치지 않았을까? 민간인 학살의 경험은 유족에게만 상흔을 남긴 것이 아니었다. 비무장 민간인 살해를 경험한 남한은 이제 꺼릴 것이 없었고 세상이 무섭지 않았다. 남한에는 친족 살해의 경험으로 '강인한'(?) 정신력을 가진 민족이 유산으로 남게 되었다. 이들은 '경제성장'이라는 또 다른 이름의 전쟁을 수행하는 전사가 되어갔다.

비인간과 비국민에게 자행된 국가폭력은 전쟁 후에도 인혁당 사건

(1차 1964년, 2차 1974년)처럼 친북 조직을 조작하여 사람들을 처단하는 사건 그리고 광주 5·18 민주화운동 학살 등 독재에 걸림돌이 되는 죄 없는 많은 사람들을 가두고 죽이는 일로 이어진다. 위에서 비판한 최근의 사건들에서도 국민과 비국민을 가르는 경계의 유령을 느낄 수 있다.

분노해야 할 일에 분노해야 하고 분노에서 평화를 길어내야 한다. 분노로부터 그런 비극이 다시는 없어야 한다는 평화를 향한 절실함이 싹튼다. 평화는 폭력과 억압을 묵묵히 감내하거나 온건하게 지적하는 것이 아니다. 국가폭력과 집단학살에 대해 분노해야 한다. 신체적·심리적 학살의 진실을 밝히고 가해의 고백이 있고 침묵의 봉인이 풀려야 한다. 마음의 경계는 그로 말미암아 큰 고통을 겪으면서도 그 존재를 부정하는 사회적 무의식이다. 마음의 경계를 해체하려면 분노하고 비판하고 성찰해야 한다. 남과 북의 경계 그리고 남녀 사회 내의 경계가 어떻게 비합리적 공포와 혐오를 만들어내고 폭력을 정당화했는지를 인식해야 경계를 허물고 평화를 이룩하려는 간절한 마음이 생긴다. 증오와 공포를 일으키는 마음의 경계를 허물지 않으면 인간성을 존중할 수 없으며 남녀 사회 내에서 그리고 남과 북이 공존하고 상생하는 가능성을 찾을 수 없다.

사회적 상상력으로 공론을 넓혀가는 평화교육

평화교육은 남과 북이 경계를 넘어 사람과 사람으로 만나서 상생의 관계를 만드는 가능성을 상상하는 과정이 되어야 한다. 평화교육은 이해와 협력의 결실을 공동으로 내다보는 상상의 장, 공론의 장을 마련해야 한다.

첫째, 평화교육을 통해 분단 안에서 자신의 삶과 다른 사람들의 삶이 연결되어 있음을 느낄 수 있도록 사회적 상상력이 솟아나야 한다. 마음의 경계가 폭력의 역사를 추동했다는 것을 알게 되면 분노를 넘어서서 누구나가 경계의 희생자가 될 수 있음을 알게 된다. 일상에서 무시당하고 편견에 시달리고 배제되어서 개개인이 겪는 고통이 분단과 경계에서 비롯됨을 인식하게 된다. 이렇게 한반도에 사는 사람들의 고통이 분단으로 얽혀 있다고 추론할 수 있는 힘이 사회적 상상력이다. 사회적 상상력은 자신의 고통과 타인의 고통을 연결 지을 수 있게 하고, 자신의 치유와 타인의 치유를 연결 지을 수 있게 한다. 상상력은 자신 안에 있는 경계를 성찰하게 하고 경계를 벗어나서 상대를 공정하게 바라볼 수 있게 한다. 상상력은 인간다움을 공유하게 한다. 상상력은 편협하고 고립된 자아를 벗어나 타인과 교감하고 연대하게 한다. 상상력은 경계에 구속된 자아가 아니라 더 커진 자아 enlarged self, 즉 공감과 연대로 안내한다. 사회적 상상력은 분단의 고통으로부터 평화를 길어 올리게 하는 힘이 되며, 평화교육은 이러한 사회적 상상력을 장려해야 한다.

둘째, 공감과 연대의 마음이 생겨나면 남북의 사람들이 땅과 마음에 쌓아올린 경계를 걷어내고 상생의 관계를 만들 수 있는 가능성을 상상하는 과정으로 교육이 진전되어야 한다. 상생의 관계는 지금까지의 정치체제와 경제체제를 물려받는 것이 아니라 더불어 살 수 있는 새로운 관계를 상상하고 창조함으로써 만들어진다. 상생의 관계가 주도하는 한반도의 역사를 새로 쓰기 위해 예측이 아니라 상상이 필요하다. 평창 동계올림픽과 판문점 남북정상회담 그리고 그 이후 진행되고 있는 대화는 냉전구도 안에서의 예측이 아니라 평화를 향한 상상력으로 가능한 일이었다. 사회적 상상력을 발휘하여 북녘 사람들과 만나고 이야기하고 다투면서라도 함께 사는 방법을 찾아내야 한다.

그러기 위해 우선 북을 제대로 알고 이해하려고 노력해야 한다. 우리는 북녘 사람들과 그 삶을 얼마나 경험하고 알고 있을까? 어떤 젊은 평화활동가는 자신이 평화운동을 하고 있지만 막상 "북한에 대한 이미지는 헐벗은 산과 헐벗은 사람들이 사는 황량함 그 자체였다. 황량함을 채울 정보는 한없이 부족했고, 한민족이라는 구호 하나로 메우기에는 빈약했다"라고 고백한다._{한선남, 2018: 28} 앞에서 북이 악마화되었다고 말했지만 다른 한편으로 북은 종종 거지로 취급된다. 북의 사람들은 악마는 아니지만 못났고 열등하고 거추장스러운 존재가 되어갔다. '북한 사람' 하면 못사는 사람, 무식한 사람, 경우를 모르는 사람을 떠올린다. 탈북자들이 출연하여 북에서 일어난 일을 말하는 종편 방송의 프로그램들이 이런 이미지를 강화하는 역할을 한다. 말하는 탈북자들은 대부분 여성이고 그것을 관찰하고 평가하는 패널은 대부분 남녘의 남성이다. 남/녀의 이분법은 남/북의 이분법으로 확장되어 주체/대상, 이성/감성, 우월/열등의 이분법으로 연결되는 경향이 나타난다. 이런 생각의 구도에서 '북한' 하면 기껏 잘 봐줘야 '1970년대의 남한' 수준으로 비하된다. 이분법으로 우열을 가르는 성향은 상대인 북녘 사회뿐만 아니라 자기 자신인 남녘 사회를 직시하는 데에도 장애가 된다.

남녘을 무조건 긍정하는 경향 또한 지양해야 한다. 민간인 학살의 역사가 드러내듯이 분단과 적대의 세월 속에서 상대만 비정상적인 존재가 되고 자신은 정상적 존재가 될 수는 없었을 것이다. 같은 맥락으로 북녘을 무조건적으로 긍정하는 경향도 지양해야 한다. 남녘에서 국가폭력이 불거진 것처럼 북녘에도 부끄러운 일이 많이 벌어졌고 지금도 벌어지고 있다. 평화교육이 중점을 두어야 하는 것은 북을 있는 '그대로' 알려고 하는 시도이다. 그러는 과정에서 북의 실체에 통달할 수 있다는 충동을 조심해야 한다. 절대적 진실은 성립할 수 없으며 모든 사실은 특정 관점에 의해 구성되는 부분적 진실partial truth이라는 것을 이해하면서 북에 대한 인식의 지평을 넓혀가려고 노력해야 한다.

그런 노력의 일환으로 북녘도 남녘처럼 자랑스러운 업적을 이룩했고 추구하고 있다는 것을 인정해야 한다. 중국과 러시아로부터 받는 도움을 외면하는 경향이 다소 있지만, 어쨌든 북녘 사람들은 외세에 손 벌리지 않고 산다는 자존심과 긍지가 강하다. 충효와 같은 전통을 중시하며 인간의 도덕과 품위를 소중하게 여긴다. 국가 차원에서 무상의료, 무상교육, 무상주택을 추구했고 어느 정도의 성과를 거두었다. 우리는 북을 잘 모르고, 북은 우리를 잘 모른다. 남과 북은 각자의 기준으로 상대를 평가하고 규정하는 데 길들여지지 말아야 한다. 평화교육을 통해 북녘의 실상에 다가서려고 노력하면서 남과 북이 공존하기 위해 어떤 노력을 해야 하는지를 이야기해야 한다.

남과 북이 상생의 관계를 만드는 상상은 저절로 솟아나는 것이 아니라 기억과 경험의 토양에서 자라난다. 그러므로 사회적 상상력을 촉발할 수 있는 기억을 되살려야 한다. 지난 10여 년 동안 1990년대 후반부터 남과 북이 서로를 이해하며 서로에게 좋은 일을 펼치려고 애썼던 10여 년은 없는 시간이 되었다. 어른들은 기억하지 않으려 하고 아이들은 알지 못했다. 기억은 과거의 흔적이 아니라 미래를 만드는 힘이다. 그래서 남북 관계의 기억을 살리는 일이 중요하다. 가상 상황이 아니라 지난 20년 동안 남북 협력의 다양한 사례의 기억들이 유용한 학습의 자원이 된다. 남이 태풍 피해를 당했을 때 북이 쌀과 의약품을 지원한 사례, 북녘의 생존이 어렵던 '고난의 행군' 기간 동안 남녘 사회가 북 주민들을 지원한 사례, 그런 지원을 통해 서로에 대한 적대감을 누그러뜨리고 더 잘 이해할 수 있게 된 이야기, 남북이 단일팀을 구성하여 출전했던 국제 운동경기의 경험들이 그런 기억들

2008년 10월 남과 북이 힘을 합쳐 세운 평양의학대학병원 어깨동무소아병동 준공식에
참가한 남녀 사람들을 병원 사람들이 환영하고 있다.

2004년 6월 북녘 만경대학생소년궁전에서 만난 남북 어린이들. 사진 오른쪽이 필자이다.

이다.

　나 개인으로도 북녘 사람들과 함께 의논하고 땀 흘리고 다투기도 하면서 북녘 어린이들을 위한 병원과 콩우유 공장 들을 세우던 기억이 있다. 내가 북의 관계자를 처음 만났을 때 나는 그를 북 체제의 대행자로 여겼고, 그는 나를 남 체제의 대행자로 대했다. 서로를 체제로 볼 때 마음의 경계는 굳건했다. 체제의 경계에서 한 걸음 나와서 함께할 수 있는 일을 찾기 위해 내 계획을 설명을 하고 상대의 의견을 반영하여 계획을 조정하는 인내를 발휘했다. 목표를 달성하기 위해 함께 계획을 짜고 일정을 짚어보고 현장을 챙겼다. 일이 늦어지면 같이 걱정하고 의견이 달라 다투다가 일이 잘 끝나면 같이 기뻐했다. 서로의 행동에서 체제가 아니라 사람을 볼 수 있게 되었다. 목표를 달성하면서 이 사람이 공동의 목표를 향해 같이 걸어왔다는 것을 깨달았다. 서로를 애쓰고 있는 믿을 만한 협력자로 여기면서 마음의 경계를 허물고 서로를 인정하며 존중하게 된 경험을 했다. 사람은 체제 이상의 존재고, 한 사람은 또 하나의 세계라는 진리를 확인할 수 있었다.

　『정글북』으로 유명한 작가 키플링R. Kipling의 「The Ballad of East and West」라는 시는 19세기 말에 지금의 파키스탄 땅에 주둔하던 영국군 지휘관의 말을 훔쳐간 현지인 도적과 그를 추격한 지휘관의 아들이 만나는 이야기를 소재로 한다. 결국 아들은 도적에게 붙잡힌다. 상호 존중이 불가능하다고 여겨지는 동과 서의 충돌이지만 도적은 아들의 용기를 존중하고 아들은 도적의 존중을 받아들이면서 도적의 인품을 존중하게 된다. 키플링은 동과 서의 만남이 아니라 사람과 사람의 만남을 노래한다.

> 동은 동이고, 서는 서, 이 둘은 서로 만나지 못할 것이라 하네.
> (…)
> 그러나 각자 지구의 양 끝에서 왔을지라도
> 그 두 사람이 직접 만나 서로의 굳은 인품을 알게 되면
> 동도 아니고 서도 아니게 되고, 경계도, 인종도, 태생의 구분도 없어지리라…

이 구절은 동양과 서양은 결코 자신의 경계를 벗어나서 만날 수 없음을 뜻한다고 오해되곤 하지만 본뜻은 그 반대이다. 상대를 직접 만나 상대가 자신과 같은 인간성을 공유하는 사람다운 사람이라는 것을 알게 되면 경계를 허물고 서로가 존중할 수 있음을 일깨운다. 하물며 동과 서가 서로를 존중할 수 있다면 남과 북의 사람들은 공동의 목표를 이루고자 함께 노력하면서 마음의 경계를 낮추고 서로를 사람으로 존중할 수 있게 될 것이다. 나쁜 아니라 개성공단 등에서 북과 협력의 경험을 한 많은 사람들이 상호 존중의 가능성에 동의한다.

2005년 10월 북 어린이들에게 필기구를 공급하는 '평양 어깨동무학용품공장'의 현대화한 모습을 남녘 어린이들이 둘러보고 있다. 사진 앞이 어린이어깨동무 권근술 이사장과 필자.

　나는 상대를 '체제'로 바라보는 것이 아니라, 합리적으로 생각하며 옳은 길을 좇는 나와 같은 '사람'으로 느끼면서 마음을 나눈다면 남과 북은 의미 있고 좋은 역사를 함께 열어갈 수 있다는 것을 깨달았다. 분단과 대결을 벗어나 협력과 평화로 나아갈 수 있는 길은 바로 사람들이 만나는 데 있다. 사람들이 만나면, 자꾸 만나면, 그 사람들이 남북을 변화시킬 수 있다. 평화교육을 통해 남북의 사람들이 만나서 함께 공동의 목표를 이룬 기억을 되살리고, 다시 만나서 서로에게 유익한 일을 만들어가는 상상을 촉발해야 한다. 그래서 우리가 살아갈 새로운 세상은 남북의 경계, 세대의 경계, 남녀의 경계, 빈부의 경계, 모든 경계 없이 사람들의 상상과 희망이 살아 꿈틀거리는 평화공동체가 되기를 기대할 수 있어야 한다.

셋째로 상생의 관계가 두터워져서 평화체제가 이루어지면 우리의 삶에 어떤 좋은 점이 있는지를 상상할 수 있어야 한다. 한반도 비핵화가 진전되면서 남북 협력을 다시 시작하는 우리의 자세는 진지해야 하지만 지나치게 엄숙하거나 무거울 필요는 없겠다. 북이 발전 기반을 만드는 일을 도와서 형편이 좋아지면 그 결실을 함께 나눈다는 희망이 싹을 트게 해야겠다. 판문점 정상회담을 바라보는 시민들의 시선에서 이런 생각을 엿볼 수 있었다. 2000년과 2007년의 정상회담은 비장했다. 거기에 비하면 이번 정상회담은 경쾌했다. 시민들도 남북 관계가 바뀌면 자신들의 삶에도 새로운 희망이 생긴다고 느끼는 것처럼 보였다.

통일비용이 부담이 된다는 걱정도 있지만 통일로 생기는 이익도 고려해야 한다. 통일비용은 통일에서 생기는 이익에서 통일 과정에 필요한 비용을 뺀 액수이다. 그러므로 어떤 통일이냐에 따라 비용보다 이익이 더 많이 발생할 수 있으며, 통일 이익을 계산할 때도 경제적 이익뿐 아니라 정치, 사회, 문화, 군사적 이익을 계산해야 한다.^{임현진·정영철, 2011} 통일 이익과 비슷한 의미를 갖는 '평화배당금peace dividend'을 상상할 수 있다. 고 김근태 의원이 사용한 '평화가 밥'이란 말이나 문재인 대통령이 내세우는 '평화가 경제'라는 슬로건 모두 평화배당금을 다르게 표현한 것이다. 평화가 정착되면서 국방과 대립에 쓰는 돈을 줄이게 되면 그 예산을 다른 분야에 쓸 수 있어서 그것을 평화 배당금이라고 부른다. 독일의 경우 통일 이후 국방비를 대폭 줄이고 그 재정을 사회 인프라 구축과 신경제 발전에 투입했다. 남녘의 경우 2018년도 국방비는 약 43조 원으로 예산의 10퍼센트 정도를 차지하고, 국내총생산GDP에 대비하면 2.3퍼센트를 차지한다. 평화가 정착되어 국방비를 반으로 줄이면 20조 원에 가까운 돈을 교육과 복지 등에 쓸 수 있다.

평화배당금은 다양한 선물로 나타난다. 남과 북의 인력과 자원이 합쳐지면 내수시장만으로도 경제가 선순환하여 수출에 덜 의존하면서 더 큰 부가가치를 창출하는 성장 동력을 마련할 수 있다. 외국의 어떤 투자전문가는 지구 최악의 경제 위기가 곧 닥쳐오지만 남과 북이 협력하면 그 위기를 기회로 삼을 수 있다고 전망한다.『중앙일보』 2018년 7월 3일 자 남과 북의 협력에 많은 돈이 투입될 것이다. 그러나 평화배당금은 더 큰 이익이 될 수 있다.

남북의 교류와 협력이 활발해지면서 늘어나는 즐거운 일도 평화배당금이다. 옥류관 냉면을 먹고 백두산 천지에 오르고 원산 명사십리에서 쉬는 것이 평화배당금이다. 남녘 기후가 아열대화되어 이미 인삼을 민통선 부근에서 재배하고 있고, 머지않아 사과를 수입해야 하는 걱정은 북에 농장을 조성하면 덜게 될 것이다. 평화배당금은 사회 정의를 증진하는 효과로도 나타난다. 마음의 경계를 허물면 부당한 편견을 거두고 집단지성을 더 합리적으로 발휘할 수 있기 때문이다.

어느 가을날 어깨동무 방북단 일행이 단풍 속의 묘향산을 오르고 있다.
평화로 가는 길에서 받을 수 있는 선물이다.

최근 헌법재판소가 양심적 병역 거부를 위한 대체복무규정을 마련하라는 판단을 내린 것은 평화에 관한 남북 대화가 진행되기 때문에 생겨나는 평화배당금의 하나이다.

마지막으로 평화교육은 단일 국가를 이룩해야 한다는 당위는 일단 접어두고, 사람들의 삶의 질이 향상되는 비전과 실질적 협력을 향해 나아가는 상상력을 나누는 공론의 장이 되어야 한다. 남과 북 각각의 사회 모순으로 인해 남과 북이 새로운 관계를 만드는 일을 불안해하고 반대하는 목소리도 적지 않다. 남녘은 지난 수십 년 동안 압축 발전을 추진하면서 소득 양극화와 삶의 질 저하라는 불행한 현실에 직면하고 있다. 구조적 불평등과 문화적 차별이 사회 갈등을 키우고 있다. 북녘은 경제 사정이 나아지고 있지만 소득 격차가 커지고 있다. 정치적, 개인적 권리도 문화적, 집단적 권리만큼 신장되어야 한다. 그렇기 때문에 정의롭고 평화로운 한반도의 비전을 만드는 데 시민들의 활발한 공론화가 꼭 필요하고 비전을 추진하는 데 시민들의 적극적 참여가 가장 중요하다.

내가 어떻게 살지를 다른 사람들이 정해서는 안 된다. 잘 알고 있듯이, "우리에 관한 일을 우리를 빼고 결정하지 말라Nothing about us without us"는 말대로 한반도의 미래를 정하는 데 시민들이 앞장서야 한다. 자기 자신을 대변하고 대신하는 일을 허용하면 다시 불평등과 불합리가 되풀이된다. 그래서 모든 사람들, 특히 지금 세상이 자신의 목소리를 듣지 않는다고 느끼는 사람들과 자신의 뜻을 펼치지 못하는 젊은 세대가 새로운 기회를 만드는 일에 참여하면 좋겠다. 젊은 세대에게 책임을 지라는 말을 하는 게 아니라는 것을 부디 이해해주기 바란다. 물론 나 같은 기성세대는 분단을 해결하지 못한 더 무거운 책임을 자성하고 젊은 세대에게 더 겸손해야 한다. 그러면서 같이 책임과 보람을 나누자는 것이다. 우리가 살아갈 새로운 세상을 만드는 일에 세대, 젠더, 계층, 지역의 경계는 없어야 한다. 함께 만들어가야 한다.

맺는말

평화교육은 한반도에 평화를 이룩하는 일이 좋은 나라를 만들고 좋은 삶을 살 수 있는 유일한 길이고 피할 수 없는 선택이라고 상상과 공론을 통해 뜻을 모으는 과정이다. 한반도 평화를 향한 교사의 절실한 마음이 교육의 성립 조건이라고 하였고, 그런 절실함이 교육을 통해 참여자들 사이에 공유되면서 남과 북 평화의 방안을 함께 상상해나가야 한다. 이런 점에서 평화교육이 지향하는 시민의 모습은 자유주의 모델처럼 원할 경우에 시민사회에 참여하는 개인적 존재가 아니라, 시민공화주의 모델처럼 시민사회에 참여하는 일을 시민의 본질과 의무로 여기는 공동체적 존재에 가깝다. '영구평화론'을 통해 근대 평화철학의 골격을 세운 칸트Kant가 가장 강조한 조건은 "모든 국가에서 시민적 체제는 공화정이어야 한다"이다.[1984] 공화주의의 시민이어야 하는 이유는 공론에의 참여를 의무로 여기는 시민들이 의사 결정을 한다면 쉽게 전쟁을 택하지 않을 것이라고 믿기 때문이다. 당장의 전쟁과 폭력을 막는 일은 시급하고 훌륭한 일이다. 평화교육의 참여자들이 한반도에서 전쟁과 폭력의 발생 원인을 파악하고 그 원인이 되는 경계를 낮추는 공동체적 시민으로 성장하는 일은 더 든든하고 훌륭한 일이다. 공동체적 시민을 육성하는 일이 평화교육의 목적이다.

분단의 경계를 허무는 일이 한반도에 사는 우리의 운명이라면 오히려 기쁘고 의연하게 그 일을 할 수 있도록 평화교육이 격려해야 한다. 그 운명은 마치 어김없이 굴러 내리는 바위를 다시 산꼭대기까지 끌어올리기를 반복해야 하는 시시포스의 운명을 연상하게 한다. 분단 이후 남한 내의 갈등과 남북 간의 갈등은 잠깐 완화되기도 했지만 다시 오랫동안 격화되기를 반복했다. 요즈음 무르익는 평화의 꿈도 다시 숙어들 수 있다. 그래도 카뮈^{Camus, 1975}의 통찰을 따르면, 시시포스는 "그 일을 나만이 할 수 있다면 그리고 해야만 한다면 모든 일이 잘되고 있다고 기꺼이 기쁘게 할 수 있다." 어떤 사람의 말대로 "자기가 원래 되어야 하는 것이 되는 데는 시간이 아주 오래 걸린다." 평화교육은 평화와 상생으로 나아가는 길에 분명히 시련도 있고 고통도 있다는 것을 인식하는 과정이 되어야 한다. 평화와 상생을 꿈꾸는 상상과 더불어 인내가 필요하고, 선택하는 용기가 필요하다. 우리가 소망하는 평화의 세상은 완성된 유토피아가 아니라, 상상과 희망이 살아 있고 꿈틀거리는 세상이다. 10년 가까운 단절에도 불구하고 한반도 평화의 불씨를 금세 살릴 수 있었던 것은 상상하고 희망하는 사람들의 끊임없는 도전이 있었고, 그 도전이 촛불광장에서 이어지고 더 널리 불러일으켜졌기 때문이다. 시민들의 상상과 참여를 통해 한반도 역사에 평화와 번영을 새로 쓸 수 있기를 기대한다.

참고 문헌

- 강성현(2018). 「끊긴 철교가 만든 피란민 이중 서사」. 『한겨레21』 1217호, 83-85.
- 김득중(2018). 「누가 이들을 죽음의 구덩이로 몰았나」. 『한겨레21』 1218호, 82-83.
- 서재철(2018). 「"들어가면 죽는다"… 대인지뢰라는 괴물」. http://www.hani.co.kr/arti/politics/defense/858096.html
- 이기범(2018). 『남과 북 아이들에겐 철조망이 없다』. 파주: 보리출판사.
- 임현진·정영철(2011). 「전환의 계곡을 넘어-통일편익, 통일비용, 그리고 통일혜택」. 『역사비평』 97호, 318-348.
- 중앙일보(2018. 7. 3). 「최악의 경제 위기 곧 닥쳐와… 한국은 북한이 완충 역할 할 것」.
- 청허 휴정(2018). 『선가귀감-마음 밝히는 선의 비결』. 신지견 역해. 서울: 새움.
- 한선남(2018). 「평화가 오자 군함이 사라졌다」. 『한겨레21』 1217호, 28-30.
- Camus, A.(1975). The Myth of Sisyphus. In W. Kaufmann(ed.). Existentialism from Dostoevsky to Sartre, 375-378. Ontario: New American Library.
- Giroux, H.(1992). Border crossings: Cultural workers and the politics of education. Routledge: London.
- Noddings, N.(2005). Global citizenship: Promises and problems.

In N. Noddings(ed.) Educating citizens for global awareness. 1-21. NY: Teachers College Press.

- Kant, I.(1984). Perpetual peace: A philosophical sketch. In H. Reiss(ed.) Kant's political writings. 93-130. Cambridge: Cambridge University Press.
- Kipling, R.(1889). The Ballad of East and West. http://www. kipling society.co.uk/poems_eastwest.htm
- Marx, K.(1988). Theses on Feuerbach. In D. McLellan(ed.) Karl Marx Selected writings. 156-158. Oxford: Oxford University Press.

평화통일을 위한 길 찾기: 평화를 위한 통일, 통일을 위한 평화[1]

정영철

들어가며

지난 4·27 정상회담은 새로운 남북 관계를 예고하였다. 현재 우리는 우리 모두가 염원하는 평화와 번영의 한반도, 궁극적으로는 평화로운 통일에 이르는 길을 새롭게 만드는 어렵고도 복잡한 길을 걷고 있다. 지긋지긋한 전쟁의 공포에서 벗어나 남북이 화해하고 협력하는 한반도를 꿈꾸고 있다. 또한 전쟁 이후 '철천지원수'였던 북한과 미국도 싱가포르에서의 만남을 통해 북미 화해와 신뢰의 길을 닦아나가고 있다. 불과 1년 전만 해도 꿈꿀 수 없었던 일이 벌어지고 있다.

그런데 냉정히 현실을 돌아보면, 우리는 여전히 '위태로운 평화' 속

---

1. 이 글은 2016년 11월 4일에 있었던 어깨동무 창립 20주년 및 평화교육센터 개원 기념 심포지엄에서 발표한 글을 일부 수정한 것이다. 이는 발표되었던 글(정영철. 2012b)을 심포지엄에 맞게 고쳐 쓴 것이다.

에 있다. 전쟁이 없다는 점에서는 평화로운 상태가 지속되고 있지만, 여전히 전쟁 중이라는 법적·기술적 현실은 우리가 현재 누리고 있는 평화가 얼마나 위태롭고 아슬아슬한지를 말해준다. 지금도 제주도 강정에서는 군사기지를 반대하는 평화운동이, 경북 성주에는 사드 미사일 배치를 둘러싼 갈등이 지속되고 있다. 주변을 조금만 둘러보면 우리가 처해 있는 여건이 결코 만만치 않음을 느끼게 될 것이다.

많은 시민사회 단체들이 평화의 보편적 가치를 실현하려 노력하고 있지만, 현실은 안정적인 평화와는 거리가 멀다. 통일문제에서도 어느 순간 평화와 통일을 분리해서 사고하는 움직임이 커지고 있다. 평화와 통일은 분명 이론적·실천적으로 내용과 방향이 다른 독자성을 갖지만, 우리의 현실에서 '평화 없는 통일, 통일 없는 평화'는 상상하기 어렵다. 또 평화의 본성에 비추어 보더라도 한반도에서 통일이 없는 '분단된 평화'가 가능하다는 것도 상상하기 어렵다. 따라서 우리는 평화와 통일을 동시에 사고할 수 있어야 하며, 평화의 보편적 가치를 통일의 특수한 가치와 어떻게 접목시킬 것인가를 적극적으로 찾아야 한다.

이런 점에서 우리는 '모든 통일'이 아니라 '평화 통일'만이 우리가 추구해야 할 길이라고 믿으며, 평화와 통일의 가치로서 '화해와 협력, 신뢰와 연대'의 문제에 주목하고자 한다. 한반도 평화의 핵심적 가치로서 남북의 화해, 협력 그리고 신뢰와 연대는 한반도의 평화와 통일이 만나는 바로 그 자리이자, 동시에 남북이 함께 만들어가야 할 미래일 것이다.

평화와 통일 그리고 민주주의

'모든' 통일에서 '평화' 통일로

한반도의 분단 이후, 통일은 누구도 부정할 수 없는 당위였다. 무력을 동원한 것이든 혹은 평화적인 방법에 의한 것이든 통일의 대명제 앞에서는 모든 것이 정당화될 수 있었다. 남북 모두 힘으로라도 통일을 성취하기 위한 '전쟁'을 마다하지 않았고, 전쟁에 의한 통일이 실패로 귀결된 이후에도 힘에 의한 통일을 포기하지 않았다. 그러나 1960년대에 들어와 남북의 통일론에 변화가 발생하였다. 즉, 당면의 통일이 점차 어려워지는 상황에서 과도적 평화 공존을 거쳐 통일로 가는 방도가 모색되었다. 북한이 제기한 1960년의 과도적 연방제는 과도적 평화 공존을 당면의 과제로 제기하고 이에 기초하여 통일로 가는 길을 제시했으며,[2] 같은 시기 쿠데타로 집권한 박정희 정권은 '선건설 후통일'을 통해 평화적인 건설과 경쟁을 우선적인 과제로 제기하였다. 1960년대에 들어와 남북한은 통일이 어느 한 체제의 선택으로 이루

---

2. 북한의 초기 연방제안에 대해서 김일성(1982)은 연방제를 거쳐 완전한 통일에 이르러야 한다고 주장하고 있다. 한편, 북한의 연방제 제안과 4·19혁명과의 관련성에 대해서는 한모니까(2001) 참조.

어지기 힘들고 또한 단기간에 성취될 수 없다는 인식하에 과도적인 조치로서 평화적인 공존을 모색하고 받아들이기 시작한 것이다.[3]

하지만 이 당시의 평화 공존은 말 그대로 통일의 과도적 조치이자 통일을 준비하는 것으로서의 평화 공존이었다. 김일성의 표현으로는 '중간 걸음'이었을 뿐이었다.

평화통일이 하나의 원칙으로 자리 잡은 것은 1970년대부터였다. 1972년의 '7·4 남북공동성명'[4]은 '평화적인 방법에 의한 통일'을 원칙으로 합의함으로써, '모든' 통일에서 '평화'적인 통일이 남북 모두가 동의하는 원칙이 되었다. 사실 1970년대에 이르러 남북한은 이질성의 정도, 무력을 동원한 방법의 불가능, 국제적인 조건 등으로 인해 일정 기간의 평화 공존을 통한 통일이 현실적으로 가능한 선택이 될 수밖에 없었다. 그런데 이 시기까지의 평화와 통일은 하나의 몸체였다. 당면해서 평화의 문제가 중요하게 제기되었지만, 이 역시 통일이라는 커다란 구조 내에서의 평화였고, 평화가 독자적인 영역을 구축하지는

---

3. 임수호(2009)는 이러한 남북한의 변화에 대해 "조기 통일에 대한 기대를 포기하고 점차 장기적 관점에서 통일문제에 접근하기 시작"한 것으로 보고 있으며, "평화체제가 통일문제와 분리되어 상대적 독자성을 띠기 시작"한 것으로 보고 있다. 그러나 이러한 해석은 과도한 것으로 보인다. 비록 1960년대 들어와 평화 공존에 대한 문제를 제기하긴 했으나, 이는 조기 통일의 기대를 포기했다기보다는 과도적 조치로서 통일 준비의 성격을 띠는 것으로 보는 것이 타당하다.
4. 당시 7·4 남북공동선언은 남한의 지식인 및 재야 민주화운동 세력에게 엄청난 충격을 주었다. 그리고 통일의 실현 가능성에 대한 주관적 기대를 높여놓았다. 이러한 상황에서 장준하는 그해 9월 「민족주의자의 길」을 통해 "모든 통일은 선"이라는 주장을 내놓았다(장준하, 1972).

못했다. '모든' 통일에서 '평화'적인 통일로의 변화를 반영하는 이 시기까지의 통일론은 남북 모두가 통일을 가장 큰 과제이자, 평화를 통일이라는 울타리 속에서 사고하고 있었음을 말해준다.

평화와 통일의 재정립

1990년대 이후, 우리 사회에서 평화와 통일은 점차 분리되어 인식되기 시작하였다. 현실적으로 통일이 단기적으로 실현되기 어렵다는 점, 남북의 이질화가 심화되고 있는 상황 등이 이러한 인식에 영향을 미쳤다. 그런데 한국 시민사회의 성장 및 평화운동이 대중적인 관심사로 부각된 것이 더 중요하게 작용하였다. 사실, 한국의 시민사회는 1980년대 중반까지 민주화운동에 집중하였고, 통일은 부차적인 관심사였거나 민주화 이후에 제기될 문제였다. 대중적인 통일운동이 1987년 민주화 항쟁 이후, 88년 대학생들의 선도적인 문제제기 이후 폭발적으로 전개된 데에서도 볼 수 있듯이 통일문제는 민주화의 공간이 확장되면서 우리 사회의 핵심 문제로 제기되었다.[5] 초기 통일운동은 주로 '북한 바로알기 운동'과 같은 대중적 관심의 환기가 중심이었고, 자주적인 교류와 협력의 수준에 머물렀다. 또한 1990년대 중반 이후까지도 통일운동은 정부와의 투쟁 일변도였고, 이러한 구조는 민주화

---

5. 민주화와 통일의 문제를 둘러싼 논쟁 역시 이 당시 중요한 논점이었는데, 역사적으로 살펴보면 민주화의 성장이 통일운동의 동력과 공간을 지속적으로 확장시켜 왔다. 특히, 1960년 '4·19혁명' 이후의 공간에서도 그랬고, 1987년 이후 민주화의 공간에서도 그러했다.

운동을 주도했던 소위 '재야 민중운동 세력'이 통일문제의 주도권을 확보하고 있었던 데 상당한 이유가 있었다. 따라서 이 당시까지도 평화의 문제는 통일과 동의어 혹은 통일에 종속된 하위의 문제에 머무를 수밖에 없었다. 주한미군 철수, 비핵 군축, 평화협정 및 불가침 문제 등은 그 자체로 평화운동이면서 통일운동의 주된 구호 중 하나였다.

한편, 평화의 문제가 우리 사회의 중요한 핵심 논제로 등장한 또 다른 이유는 지금까지 지속되고 있는 '북핵문제'를 계기로 한 한반도의 불안정성을 들 수 있다. 즉, 당면 과제로서의 평화는 미래 과제로서의 통일보다 더욱 시급한 것으로 인식되었다. 나아가 당면의 평화가 중요한 만큼 남북의 공존에 대한 인식 강화, 즉 공존의 가치관 증대에 따라 보편적 가치로서의 평화를 재해석하게 된 것이다. 평화에 대한 재해석은 과거의 '냉전적 안보의식' 해체와 동시에 남북 간 평화 공존의 가능성에 대한 인식 확산, 그리고 남북 체제의 이질성 확인 등에서 비롯되었다. 다른 한편으로는 남북한의 체제 규정력이 강화되면서 '당장의 통일'보다는 평화 공존의 가치를 더욱 선호하는 현상이 젊은 세대를 중심으로 확산되었다.[6] 사실, 이러한 공존의 가치

---

6. 여기에는 '동서독 통일'의 경험도 많은 영향을 미쳤다. 즉, 통일이 가져올 부정적 결과에 대한 인식이 오히려 남북의 평화적 공존을 선호하도록 한 것이다. 또한 평창올림픽의 '여자 아이스하키 단일팀' 논란에서 보듯이, 정의(justice)와 평등(equality)에 반하는 통일 논의에는 부정적인 현상도 보이고 있다. 이러한 통일론의 현상에 대해서는 정영철(2018)을 참조할 것.

증대 이면에는 우리 사회의 민주주의 가치에 대한 존중과 발전이 가장 크게 작용하고 있다. 민주주의 가치관이 증대되면서 과거의 이분법적 세계관이 점차 약화되고 이질적인 것과의 공존이 강조되면서, 남북 관계가 가능하려면 평화적 공존이 전제되어야만 한다는 의식이 확대되었다. 그동안 한반도를 지배했던 안보담론이 점차 힘을 잃고 평화담론 혹은 공존의 담론이 증대하여 이러한 변화가 이루어진 것이다. 또 하나 이 시기 평화의 보편성이 강조되면서 독자적인 평화의 가치가 부각되기 시작한 것에는 시민사회의 발전과 성숙이 자리하고 있다. 1990년대 폭발적으로 등장하고, 성장한 시민사회는 한편으로는 인도적 지원을 중심으로 한 통일 NGO로서의 활동과 함께, 한반도의 평화와 평화 그 자체에 대한 이론적·실천적 문제제기를 끊임없이 제기하였다. 이로부터 평화의 개념이 단지 '전쟁이 없는' 소극적인 것에서부터 개인의 평화, 갈등의 관리와 전환, 구조적인 평화의 문제로까지 확장되었다. 즉, 현실에서의 한반도 평화의 요구와 함께 한국 사회 민주화의 진전에 따른 평화의 가치가 새롭게 재조명되고, 그것이 보편적 가치로서 사회 전반에 확산되었던 것이다.

끝으로, 역설적이게도 시민사회 진영이 평화운동의 내용을 통일운동의 내용으로 풍부화하지 못했던 것에서도 원인을 찾을 수 있다.[이남주, 2008] 평화의 문제를 구호의 문제가 아닌 생활의 문제로, 대중적인 문제로 제기하고 통일과의 관련성 혹은 통일운동의 자체 내용으로 풍부화하지 못함으로써 평화와 통일을 자칫 대립적인 혹은 다른 영역으로 설정하는 결과를 가져오고 말았다. 사실, 북핵문제의 지속과 북미 대립 등의 상황에서 시민사회 진영이 평화 문제를 통일의 중요한 내용으로 설정했었음에도 불구하고 이를 지나치게 북미 간의 문제로만 좁혀놓음으로써, 한국 내 평화운동의 중요성 혹은 평화운동의 발전과 이를 통일운동의 풍부한 발전으로 연결시키는 것에 대한 고민은 그만큼 소홀했다는 평가가 가능할 것이다.[7]

이러한 상황이 1990년대 이후 지속되면서 평화와 통일의 문제가 점차 일부 진영의 적극적인 문제제기, 그리고 현실적인 평화의 시급함 및 평화 의제의 본격적인 제기 등으로 구분되어 인식되고, 분기分岐되기 시작하였다. 그러나 분명히 할 것은 이러한 통일과 평화의 분기 현상이 기존의 전통적인 통일담론에 대한 비판이자 동시에 한반도를 둘러싸고 있는 안보담론에 대한 도전으로 충만해 있다는 점이다.[8] 따라서 통일과 평화의 분기 현상을 인위적인 두 개의 길로 인식하기보다는 달라진 주체, 시대 등을 반영한 평화와 통일의 풍부화 과정이라고 보는 것이 더욱 타당할 듯하다. 즉, 현재 평화와 통일문제의 분기와 독자성에 대한 인식이 발전적인 논쟁을 거치면서 평화운동과 통일운동 모두를 풍부화할 수 있다는 것을 의미한다.

---

7. 이남주(2008)에 의하면, 이 역시 편향을 낳을 수 있다. 즉, 평화운동이 통일운동의 편향을 극복할 수 있는 계기를 마련해주었지만, 자칫 남한 내의 문제로 초점을 맞춤으로써 동력을 약화시키는 결과를 초래했다는 것이다.
8. 이와 관련 구갑우(2006)는 "비판적 평화담론의 핵심으로서 안보담론을 평화와 협력의 담론으로 전환하는 것"이라고 주장한다.

2014년 분단의 상징인 철조망 앞에 '내가 꿈꾸는 평화'를 위해 모인 시민들

보편적 가치로서의 평화와 특수한 가치로서의 통일

한국에서 시민사회의 성장과 시민의식의 발전은 평화의 보편적 가치에 대한 긍정적 인식을 높여놓았다. 이제는 평화 그 자체에 대해 부정하기 힘들어졌고, 평화를 하나의 보편적이고 당연히 추구해야 할 가치로 인식하게 되었다. 그런데 평화의 가치가 보편적임은 분명한 사실이지만, 한편으로 통일문제와 관련해서는 이중적 성격을 띠는 것 또한 사실이다. 즉, 평화의 추구가 통일의 주된 장벽을 제거하는 것이지만, 자칫 두 국가로의 분리 혹은 분단의 평화적 관리를 통한 분단

의 논리로 기능할 가능성도 높기 때문이다. 따라서 평화의 문제는 보편적 가치로서, 당면의 과제로서 핵심적인 의제이지만 동시에 통일을 지향하는 목적성을 가질 것을 요구한다.[9] 우리가 바라는 평화는 '통일을 지향하는 평화'이지, 결코 '분단의 평화화'를 의미하는 것은 아니다. 그러므로 '통일을 위한 평화'로서의 적극성을 지녀야 할 것이다. 이것은 평화가 '평화 그 자체를 위한 것'에 그치지 않고, 한반도에서 반反평화의 근원을 제거하는 분단의 극복, 곧 통일을 통해서만 평화가 완성될 수 있다는 지극히 현실적인 문제이기 때문이며, 다른 한편으로는 평화와 통일의 분리라는 잠재적 분열을 막고 연대의 가치를 실현하려는 요구 때문이기도 하다.

우리가 평화의 문제를 갈퉁이 말한 '적극적 평화'로까지 확장한다면, 분단의 극복은 한반도에서의 '소극적 평화', 즉 전쟁이 없는 평화만을 실현하는 것이 아니라 분단을 명분으로 한 권위주의 체제의 민주주의 체제로의 전환, 안보를 매개로 한 사회적 폭력의 확대 재생산 구조 약화, 분단의 일상에 스며들어 있는 일상생활의 폭력적 구조 해체 등까지를 의미한다.[10] 문화적인 획일성과 폭력성의 내재, 전쟁 문화

---

9. 이에 대해서는 조민(2007) 참조.
10. 우리 사회의 폭력과 분단, 특히 전쟁과 폭력의 연관성에 대해서는 많은 연구자들의 연구서가 출간되었다. 김동춘(1997), 김귀옥(2008), 김동춘(2006) 등을 참조. 특히, 반공 이데올로기의 폭력성, 국가주의, 권위주의 등은 분단에 따른 물리적 폭력만이 아니라 문화적 폭력까지도 정당화한 가장 강력한 통치수단으로 작용하였다.

의 내재화 등 문화적 폭력 그리고 억압과 착취의 구조화 역시 분단을 통해 정당화되었다. 이러한 평화의 가치에 대한 재인식은 통일문제에 대해서도 새로운 인식을 가져다줄 수 있다. 과거 남북의 화해와 협력 혹은 한반도에서의 전쟁 제거라는 것으로 제한되었던 통일이 이질적인 것의 평화로운 공존 그리고 분단으로 인한 구조적 폭력의 제거라는 보다 더 심화된 인식을 가져다줄 수 있는 것이다.[11]

이렇게 본다면, 결국 평화는 보편적 가치로서뿐만 아니라 통일이라는 한반도 가치의 실현을 위해서도 요구되고, 그를 통해서만 완성될 수 있다. 이는 우리 사회에서 가장 커다란 폭력은 분단에 따른 것이기 때문이다. 이미 한 세대가 넘게 풀리지 않고 있는 '북핵 위기'를 계기로 한 한반도의 전쟁 위기, 미·중의 군사적 긴장 고조 같은 냉전적 안보 논리 확대, 안보를 명분으로 한 사실상의 민주주의의 후퇴 등은 분단 현실이 없었다면 생기지 않았을 것이다. 이는 이명박-박근혜 정부 당시 분단, 안보, 종북 등을 내세워 민주주의를 후퇴시킨 여러 사건들이 일어난 것에서도 확인할 수 있다.

한편, 통일 역시 한반도적 특수성의 영역에만 갇혀 있어서는 안 된다. 시민사회의 성장은 한반도 특수 가치의 실현이라는 점에서 긍정적인 현상이지만, 다른 한편으로는 보편적 가치를 통한 정당성을 확

---

11. 물론 이러한 이질적인 것의 공존으로서의 통일은 독일 통일의 경험에서 급격한 체제 통합에 대한 부정과 이질적인 것의 공존을 통한 점진적 통일/통합에 대한 사고로부터 출발하였다. 이에 대해서는 또 하나의 문화(1996) 등을 참조.

인받지 못하는 한 그 동력을 지속하기 어려워졌다. 즉, 통일은 평화를 통해 자체의 동력을 확대하고 풍부화해야 한다. 이는 과거 통일운동 진영이 평화의 문제를 자체의 동력과 내용으로 충분히 발전시키지 못한 것에 대한 반성이자, 앞으로의 과제라 할 것이다.[이남주, 2008] 결국 보편과 특수의 변증법으로서 평화와 통일은 이분법적 사고의 대상이 아니라 상호 신뢰와 연대의 대상이 되어야 한다. 그것이 평화와 통일을 둘러싼 불필요한 갈등과 분열을 막을 수 있을 뿐만 아니라, 평화-통일운동으로서의 발전을 기할 수 있는 길이 될 것이다.

평화, 통일 그리고 민주주의

평화와 통일의 문제를 바라보면서 우리가 반드시 제기해야 할 문제는 바로 민주주의이다. 이는 단지 민주주의와 평화, 민주주의와 통일의 관계일 뿐만 아니라, 민주주의의 기반 없이는 한반도 상황에서 언제든 평화와 통일에 역행하는 현상이 나타날 우려가 있기 때문이다. 지금 우리가 경험하고 있듯이 민주주의의 후퇴는 한반도 평화의 위협, 통일의 위협으로 나타나고 있다.

평화는 구조적 폭력을 통해서 더욱 위협받게 되고, 이러한 구조적 폭력은 '반反민주주의' 사회의 중요한 특징으로 제기된다. 우리 역사에서 민주주의의 진전이 결국은 평화와 통일의 공간을 만들어왔고, 특히 민중-시민의 참여를 가능하게 했던 것은 민주주의가 평화와 통일의 주체를 형성하는 데 결정적이었음을 증명해준다. 지난 역사가 증명하듯이, 평화와 통일은 권력의 정당성을 보장받는 가장 중요한 수단이었고, 이를 독점함으로써 통치의 수단으로 이용되었다. 따라서 민주주의의 기반 없이는 평화와 통일이 오히려 정치권력의 도구가 되어버리고, 시민 주체를 배제함으로써 평화와 통일이 언제든 수단화될 수도 있다. 분단 그 자체가 폭력이라는 점에서 평화와 통일을 위한 주체로서 개혁-진보 세력은 평화-진보세력, 통일-진보세력이 되어야 하며, 이는 민주주의의 토양에서 평화와 통일을 지향해나가는 정치세력이 되어야 할 것이다.서동만, 2006 따라서 이 시점에 평화와 통일을 위한 기반으로서의 민주주의, 평화, 통일의 진전이 곧 민주주의의 공고화를 가져온다는 것을 명확히 할 필요가 있다.

2013년 정전 60주년 어린이평화한마당에서 어린이가 철조망에 평화의 꽃을 붙이고 있다.

한반도 '평화통일'을 위한 길 찾기

실천으로서의 평화와 통일 지향

평화를 명쾌하게 정의 내리기는 어렵다. '전쟁이 없는 상태'라는 소극적 평화 개념에서부터, 구조적-문화적 폭력으로부터의 해방이라는 '적극적 평화'까지 평화가 포괄하는 범위는 대단히 광범위하다.[12] 최근에는 평화가 단지 전쟁과 폭력이라는 문제를 넘어서서 인간 삶의 핵심 가치로서의 '인권'-평화권으로까지 발전하고 있다.[13] 이렇게 보면 평화에 대한 정의는 항상 '반대 개념'에 대한 반정립으로서 가능할 수밖에 없을지도 모르겠다.이찬수, 2016 또 이는 인간 삶의 지속적인 '발전'의 과정에서 부딪히는 온갖 장애를 극복하는 것으로서 평화를 사고해야 함을 의미한다. 그럼에도 우리에게는 일반적으로 이야기되듯 '전쟁이 없는 상태'의 평화가 절실하게 요구된다. 아직 전쟁을 채 끝내지 못하고 있는 우리의 처지에서 '소극적 평화'라도 공고하게 구축하는 것이 시급한 일이다.[14]

이러한 조건에서 우리가 추구해야 할 평화의 가치는 실천 지향적이어야 한다. 그것은 현재의 '분단'과 '평화 위협'에 대응한 실천적 행동

---

12. 구조적-문화적 폭력의 개념에 대해서는 요한 갈퉁(2000) 참조.
13. 인권의 역사와 '평화권'에 대해서는 조효제(2012) 참조.
14. 한국의 평화운동에 대한 짧은 글로서는 서보혁·정욱식(2016) 중 2부 2장을 참조할 것.

을 통해 평화를 지키는 것이 무엇보다 중요하기 때문이다. 실제 평화는 그 본성상 실천성을 대단히 중요한 가치로 포괄하고 있다. 문제는 이러한 실천성을 어떤 방향과 내용으로 채울 것인가이다. 이미 국내의 수많은 사회단체들이 평화와 통일의 이름으로 다양한 활동을 전개하고 있고, 적지 않은 성과를 내고 있다. 이들이 내세우는 평화와 통일은 주로 '전쟁 반대와 군축, 비핵' 등과 관련된 '안전' 및 '소극적 평화' 구축에 관련된 것으로 보인다. 한반도의 평화를 위해서는 남북한 상호 군축 및 미국까지 포괄하는 군축 및 군비 통제, 군사적 신뢰 구축 그리고 전쟁 방지를 위한 여러 가지 제도적 장치 등이 요구된다. 특히 '북핵문제' 및 이를 명분으로 한 한반도에서의 군비 경쟁과 군사 무기의 경쟁적 도입 등이 계속되는 현실에서 위와 같은 활동은 아무리 강조해도 지나치지 않을 것이다. 평화 군축 등의 '평화 만들기'는 오늘날 한반도에서 생존과 안전을 위해서 무엇보다도 중요하게 나서는 실천이라고 할 수 있다.

또한 한반도의 평화는 통일과 밀접하게 관련될 수밖에 없다. 그것은 평화를 위협하는 가장 큰 명분과 위기는 '한반도의 분단'에서 기인하기 때문이다. 아직도 기억에 생생한 서해 해상에서의 남북 간 군사적 충돌, '북한' 문제를 둘러싼 일련의 미·중 갈등과 그에 따른 사드 배치 등에 이르기까지 한반도에서의 평화는 분단과 뗄 수 없는 관련성을 지니고 있다. 이런 점에서 한반도의 평화와 통일은 '다르지만 다르지 않은 하나의 여정'일 수밖에 없다. 그렇다면 우리는 평화를 분단의 극복과 그 근원을 제거하는 것까지로 확장하여 생각할 필요가 있다.서보혁·정욱식, 2016 따라서 우리는 '과정으로서의 통일'을 말하듯이, '과정으로서의 평화' 또한 중요하게 제기해야 한다. 나아가 '실천으로서의 평화통일'을 뚜렷한 목적으로 삼아야 한다.[15]

그렇다면 실천으로서의 평화와 통일을 위해서 지향해야 가치는 무엇일까? 평화의 보편성과 통일의 특수성을 결합하고, 이를 하나의 실천적인 활동으로 만들어가는 것이어야 한다. 또 평화 감수성을 확산시키고, 폭력에 대한 근원적인 비판과 성찰에 기초해 한반도에서의 '폭력'의 근본 원인에 대한 문제제기를 확산시키고, 이를 생활의 가치로 만들어가는 것이어야 한다. 다행스럽게 한반도의 평화에 대한 위협이 어느 정도 누그러들고 있고, 통일에 대한 '미래 희망'의 불씨가 살아나고 있다. 이제 우리는 평화통일을 향한 희망을 만들고, 그러한 가치관이 일상의 가치관이 되도록 하는 일에 더욱 매진해야 할 것이다.

평화통일의 길 찾기가 이러하다면, 평화와 통일을 위해 우리는 '화해와 협력, 신뢰와 연대'의 가치를 지향해야 할 가치관의 핵심으로 삼아야 한다. 이제 다시 화해와 협력의 시대를 맞아, 지난 대립의 역사를 반추하며 한반도 평화의 근원은 다시 한 번 남북의 '화해와 협력'으로 시작되어야 함을 재성찰해야 한다.[16] 다행스럽게도 2018년 4·27

---

15. '과정으로서의 평화'는 평화를 정적인 개념이 아니라 만들어가야 하는 것으로서, 그리고 실천적으로 문화적으로 성취되어야 하는 것으로 본다는 것을 의미한다.

정상회담을 계기로 남북 간에 화해와 협력이 서서히 싹트고 있다. 이를 남북 신뢰관계의 공고한 구축과 연대로까지 발전시켜야 할 것이다. 한반도 평화의 위협을 근원적으로 제거하려면 '분단 극복'이 이루어져야 하고, '분단의 극복'을 위한 첫출발은 '화해와 협력'에 있을 것이다. 이를 통한 통일의 길은 '신뢰와 연대'를 실현하는 것에 있다. 통일은 바로 남북 모두의 '신뢰와 연대'의 회복이라 할 수 있다. 나아가 현재 우리 사회 내부에서 벌어지는 심각한 갈등을 넘어서기 위한 것이다. 이는 공존에서 출발하며, 다름의 인정과 공존을 통한 '신뢰와 연대' 만들기이다. 따라서 우리가 지향하는 '화해와 협력', '신뢰와 연대'는 남과 북의 평화적인 공존에서 시작한다. 남과 북이 마주하고 적대하고 있는 현실에서 평화적인 공존은 남과 북이 '있는 그대로의 현실'을 인정하고, 전쟁과 분단의 아픈 상처를 치유하는 첫걸음이라 할 수 있다. 이렇듯 평화적 공존의 가치가 확장되고, 공존에 기초한 화해-협력의 증진, 신뢰-연대의 추진은 곧 평화와 통일이 하나로 결합되는 과정이 될 것이다. 통일이 만들어가는 과정이듯이, 평화 역시 우리가 의식적으로 지향해야 할 과정이며 동시에 통일의 든든한 토대를 쌓아가는 길이 될 것이다. 결국, 평화통일의 길 찾기는 '실천으로서의 평화통일'이며, 남북의 평화적인 공존 위에서 '화해와 협력, 신뢰와 연대'의 가치를 심화시키고, 확장시키는 것이다.

---

16. 1990년대 중반부터 이루어진 대북 인도적 지원은 남북한 간의 화해와 협력의 20년을 상징하고 있다고 볼 수 있다. 북민협(2015).

화해와 협력으로서의 평화통일

남북한의 분단은 남북 모두에게 뿌리 깊은 불신과 갈등을 심어놓았고, 이를 재생산하는 구조적-문화적 폭력의 진원이 되고 있다.[17] 한국전쟁 이후 70여 년 동안의 전쟁 없는 '소극적 평화'가 유지되고 있지만 그마저도 '불안한 평화' 속에 있으며, 국가폭력에 의한 '또 다른 폭력'은 그대로 지속되고 있다. 안보의 이름으로 행해지는 국가폭력은 분단과 '북한의 위협'을 명분으로 내세우며, 그로 인해 주변 강대국들에 의한 군사적 경쟁의 한복판에 내몰리고 있다.[18]

결국 우리의 평화는 그 뿌리에서부터 생각한다면 분단의 문제가 놓여 있다. 따지고 보면, 지난 70여 년의 '불안한 평화' 속에서도 그나마 '평화'를 향유했던 것은 10여 년 정도에 불과하다. 물론 이 기간 동안에도 서해에서의 군사적 충돌이 있었다.[19] 그럼에도 불구하고 이것을 '더 큰 충돌'로 만들지 않고 오히려 '더 큰 만남'으로 만들 수 있었던 것은 남북의 '화해와 협력'이라는 더 큰 가치 추구가 자리하고 있었기 때문이다.임동원, 2008 2000년 정상회담을 계기로 형성된 '화해

---

17. 분단의 폭력에 대해서는 김동춘(2006) 참조.
18. 사드 배치 역시 '북한의 핵과 미사일 위협'을 명분으로 하고 있지만, 결국 그 핵심에는 미-중의 패권 경쟁이 놓여 있다.
19. 1999년의 서해교전이나 2002년의 서해교전은 모두 '화해와 협력'이 추진되는 시기에 일어났다. 그러나 이 당시에는 더 큰 충돌을 막기 위한 남북의 노력으로 더 큰 화해로 나아가는 중요한 계기가 되었다. 중요한 것은 이러한 현상은 언제든지 한반도에서 남북 간의 충돌이 발생할 수 있다는 것을 보여주는 동시에 남북이 얼마든지 이를 관리하고 통제할 수 있다는 사실도 아울러 보여주었다는 점이다.

와 협력'은 남북은 물론 우리 사회 내부에서도 '북한'에 대한 냉전적 인식을 적지 않게 걷어냈고, 화해와 협력에 대한 긍정적 사회 분위기를 만들어냈다.

이러한 역사적 경험은 지금의 우리에게도 시사하는 바가 크다. 대북 인도적 지원으로 물꼬를 텄던 지난 역사를 돌이켜보면 평화통일을 위한 작은 실천 하나가 때로는 거대한 물줄기를 바꾸어놓을 수 있음을 보여주었다.[20] 또 구호와 당위만이 아닌 '시민의 참여'가 확대될 때 오히려 남북의 화해와 한반도의 평화가 더욱 진전될 수 있음을 보여주었다. 이론적으로 보더라도 남북의 화해와 협력은 불안한 평화를 전환시킬 수 있는 강력한 실천임을 확인할 수 있다. 현재의 남북한 정치-군사적 대결이 주로 '위로부터의 갈등과 구조'에 의해 생산-재생산되고 있는 것이라면, 화해와 협력은 아래로부터의 '평화 만들기'를 위한 실천 활동이며, 미래의 통일된 사회를 위한 거의 유일한 과정이자 준비인 것이다.[21] 또한 남북의 화해와 협력은 구조적-문화적 폭력에 포위된 채로 '소극적 평화'마저도 제대로 향유하지 못하고 있는 한반

---

20. 1990년대 북한의 '인도주의적 재앙'에 대응하여 남한의 수많은 NGO 단체 및 시민들이 자발적으로 북한 동포 돕기 운동에 나섰고, 이러한 힘들이 이후 2000년 정상회담을 기폭제로 하여 남북 화해와 협력의 든든한 바탕이 되었다.
21. 이와 관련해 통일 사회에서의 사회 통합의 문제가 제기된다. 남북의 미래의 사회 통합을 위해서는 지금부터의 부단한 교류-협력만이 부작용과 후유증을 최소화할 수 있는 유일한 방도라 할 수 있다. 이를 위해서는 과거 '동방정책'의 설계자였던 에곤 바르가 주장했던 '접근을 통한 변화'의 원칙을 일관되게 유지해야 할 것이다. 사회 통합에 대해서는 정영철(2015), 독일의 동방정책과 그 협상의 과정에 대해서는 김연철(2016) 참조.

도에서 폭력의 근원에 대한 반성과 성찰, 서로에 대한 이해를 높임으로써 폭력의 근원을 해체하는 데에 필수적으로 요청된다. 김대중-노무현 정부 10여 년의 경험, 그리고 그러한 경험이 아직까지 긴 여운을 남기고 있는 오늘날에도 시민들은 갈등과 충돌보다는 화해와 협력을 더욱 요청하고 있다. 그것은 평화라는 가치관이 보편적 가치관으로서 시민들에게 널리 확산된 것에 핵심적인 원인이 있지만, 역사적-경험적으로 남북의 화해와 협력이 한반도의 평화를 위해 더욱더 올바른 길임을 실천적으로 인식하고 있기 때문이기도 하다.

화해와 협력은 대북 인도적 지원 20년을 경과하고 있는 현재도 중요하게 제기된다. 지난 정권을 거치면서 '화해와 협력'이 남북 대결의 도구로서 대북 압박의 수단이 되고 있다. 무엇보다 역사적으로 '화해와 협력'을 경험하지 못한 세대들이 성장하고 있다. 이러한 현실에서 '화해와 협력'의 가치는 남북의 대결적 감성을 누그러뜨리고, 평화적인 감수성을 증진시키는 동시에 통일을 위한 실천적 활동으로서 큰 의미를 지니고 있다. 지금의 세대가 화해와 협력의 올바른 가치관을 가지고, 이를 위한 실천적 활동을 해나갈 때 분단에 따른 적대와 갈등의 현실을 올바로 볼 수 있을 것이다.

신뢰와 연대로서의 평화통일

평화는 신뢰가 전제된다. 서로에 대한 신뢰가 없다면 평화는 깨지기 쉬운 그릇이 되고 말 것이다. 지금도 북미 간의 싱가포르 합의라는 역사적 악수에도 불구하고 불안한 긴장상태를 보이는 것은 그만큼 둘 사이에 신뢰관계가 형성되어 있지 않기 때문이다. 물론 평화를 이처럼 좁게만 해석해서는 안 되지만, 현실에서 신뢰의 부재, 불신의 증폭은 평화가 아닌 '폭력'의 명분이 된다. 또 하나 신뢰와 연대는 통일을 위해 필수적으로 요청되는 가치이자 자세이다. 남북의 분단은 남북의 불신과 갈등과 적대이며, 분단의 극복은 신뢰와 연대라고 할 수 있다. 이는 남북 사이뿐만 아니라 우리 사회 내부에서도 요청되는 평화통일의 가치이다. 즉, 우리 사회의 신뢰와 연대만이 평화와 통일을 만들고, 준비할 수 있는 유일한 가치인 것이다.[22]

사실, 오늘날 '신뢰와 연대'의 어려움을 가중시키는 것 중 하나는 안보를 둘러싼 논쟁이다. 지난 70여 년간 정권 안보 및 정당화의 원천이 분단이었음을 고려하면, 그리고 그 핵심에 분단구조가 놓여 있었음을 고려하면 아직까지도 해체되지 않고 있는 분단의 적대적 구조는 연대의 가장 큰 장애물이다. 또한 오늘날 안보를 둘러싼 갈등은 2000년 남북 정상회담을 계기로 변화하기 시작한 남북 관계와 이로 인한 대북관의 변화, 그리고 대미관의 변화와 뗄 수 없이 연관되었다. 이러한 변화로 인해 우리 사회 내부에는 '남남갈등'이, 그리고 불과 몇 개월 전만 해도 악화된 '남북갈등'이 중첩되어 나타났었다. 특히, 우리 사회를 분열시켜온 '남남갈등'은 '진보와 보수'를 넘어 '진보

---

22. 통일과 연대에 대해서는 정영철(2012a) 참조.

와 진보'의 틈새에서도 발생하고 있고, 이것이 평화와 통일 NGO 및 시민사회에 심각한 분열을 발생시키고 있다. 이 역시 북한을 둘러싼 문제에서 불거지고 있으며, 우리 사회의 분열 구조라는 측면에서는 동일성의 구조를 보여주고 있다.[23] 즉, 진보 진영 내부에서도 상대방에 대한 '갈등'의 패러다임을 그대로 재현하고 있는 것이다. 이런 점에서 '신뢰와 연대'는 평화와 통일을 위한 우리 안의 갈등을 치유하는 것이며, 우리 안의 단합을 위한 필수적 요청 사항이라고 할 수 있다.[24] 이 지점에서 또 하나 지적할 것은 '우리 안의 갈등'이 스스로가 설정한 '다양성의 인정과 공존'을 부정하고 있다는 점이다. 그간 사상과 표현의 자유와 다양성의 보장을 주장했던 시민사회 스스로가 사상과 표현의 자유를 부정하는 모습이 우리들 내부의 갈등에 내재하고 있다는 점이다.

현재 우리 사회에는 과거에 비해 훨씬 더 큰 다양성이 공존하고 있다. 그로 인해 우리 스스로가 상대방에 대해 '다름'의 인정과 공존의

---

23. 진보 진영의 이러한 모습은 보수의 논리와 개념을 그대로 상대방에게 사용하는 데서 나타난다. 게다가 진보 진영의 상대방에 대한 공격 개념을 보수 진영에서도 그대로 사용하고 있다. 대표적인 것이 '종북' 개념이다. 이제 이 말은 보수 진영의 진보에 대한 공격 용어로 사용되고 있다. 진보 진영 내의 갈등과 내부 논쟁의 와중에서 만들어진 용어가 보수에게는 상대를 가리지 않는 진보 전체를 공격하는 말로 바뀐 것이다. 용어와 개념의 사용에 진보 진영이 스스로 신중을 기해야 함을 말해주는 사례이다.

24. 우리 역사에서도 이는 심각한 교훈이다. 해방 이후, 단 한 번도 중도파가 성공하지 못했던 역사는 그만큼 우리의 이데올로기 지형이 협소하고, 극단적이었음을 반증하고 있다. 현재에도 중도 통합의 길은 예외 없이 실패하고 있다.

가치를 그만큼 더 중요하게 요구하고 있다. 그럼에도 현실은 여전히 떨쳐버리지 못한 '분단-냉전 문화' 속에 갇혀 있고, 동시에 이를 상대방에 대한 공격의 무기로 사용하는 '문화 냉전'의 틀이 은연중 작동하고 있다. 이로부터 벗어나려면 상대방에 대한 신뢰 회복과 신뢰에 기초한 연대의 가치를 우선시해야 할 것이다. 평화와 통일이라는 길에서는 다양한 주의·주장과 방법이 제기될 수 있다. 평화와 통일은 이러한 다양성과 언제든 같이할 수 있다는 생각이 기반이 되어야 한다. 다양성을 포용하고 함께할 수 있는 유일한 가치는 바로 상대방에 대한 '신뢰와 연대'일 것이다.

사실 연대란 차이를 전제한다. 차이가 존재하지 않는다면 연대는 필요치 않을 것이다. 연대는 '보다 더 많이, 그리고 보다 더 다양한' 사람들의 협력을 의미한다. 이는 끊임없이 분할과 분열을 시도하는 분단구조에 대항하는 유일한 대응이기도 하다. 이런 점에서 연대는 곧 분단구조의 부정이자 분단 극복의 첫출발이며, 그 결과는 분단의 해체와 통일로의 길을 의미한다. 그것이 평화라는 보편적 가치로 융해되었을 경우, 통일이 우리만의 특수한 가치의 실현에 한정되지 않는 더욱더 넓은 의미로 받아들여질 것이다.

우리는 오랫동안 차이에 익숙지 않았던 문화를 향유해왔다. 그러나 1990년대 이후, 차이와 공존이 보편적인 가치로 인정되고, 평화의 보편적 가치가 가장 중요한 우리의 지향으로 바뀌었다. 그럼에도 '분단' 앞에서는 여전히 '안보와 갈등의 패러다임'이라는 협소한 이념적 지형에 갇혀 있다. 앞으로도 연대의 어려움은 계속될 것이다. 그럼에도 평화통일의 길 찾기는 어려움을 극복하면서 진행될 수밖에 없다. 우리는 '신뢰와 연대'가 우리가 지향해야 할 평화통일의 핵심 가치의 하나임을 분명히 할 것이고, '신뢰와 연대'의 실현만이 우리 사회의 평화와 미래의 통일을 가져오는 가장 중요한 실천적 과제라고 주장할 것이다.

나가며-통일을 위한 평화, 평화를 위한 통일

평화와 통일은 분단된 한반도에서 따로 떼어놓고 생각하기 힘들다. 평화가 곧 통일이며, 통일이 곧 평화이다. 이런 점에서 한반도의 평화와 통일은 '통일을 위한 평화이며, 동시에 평화를 위한 통일'이어야 한다. 현재 많은 시민단체 등이 한반도에서의 평화통일을 위한 일에 헌신하고 있다. 하지만 여전히 한반도에는 전쟁 구조가 온전되고 있어, '소극적 평화'만이라도 공고하게 형성되는 것이 가장 먼저 요구된다.

한편, 평화에 대한 우리 사회의 인식과 전반적인 지형은 크게 '갈등 해결-갈등 전환'으로서의 평화와 다른 한편으로 일반인이 쉽게 접근하기 어려운 비핵, 군축 등의 구조적 평화에 대한 것으로 대별된다.[25] 이러한 평화에 대한 실천적 접근은 대단히 중요하며, 한반도 평

---

25. 이는 필자의 자의적인 기준에 따른 분류이다.

화라는 관점에서는 어느 것 하나도 소홀히 할 수 없다. 물론 우리에게 평화는 보편적 가치로서의 일반론적인 평화임과 동시에 우리의 현실에서 제기되는 특수한 가치로서의 '평화(분단)'를 동시에 고민하지 않으면 안 된다. 이미 현실에서 목도되고 있듯이, 현재 우리에게 가장 커다란 위협은 '분단'과 직접 관계되거나, '분단'을 매개로 한 안보, 적대, 갈등, 경쟁의 가치로 제기되고 있다. 그러므로 일상생활에서 느낄 수 없는 '평화 위협'에 대한 근원적인 물음을 제기해야 하며, 이를 위한 목적의식적인 문제제기가 요구되고 있다. 즉, 개인적 안위와 평온함을 넘어서는, 군사적 평화 위협만으로 한정되지 않는, '한반도 평화'와 '통일'의 문제로 접근해가야 하는 것이다.

우리는 이런 현실에서 우리가 짊어져야 할 평화와 통일의 길 찾기로서 '화해와 협력', '신뢰와 연대'의 가치에 주목한다. 오늘날 북한에 대한 적대적 혐오감의 확산[26]과 이에 기대어 대북 적대감과 갈등이 커져가는 상황에서 남북의 화해와 협력은 필수적으로 요청되는 '평화 감수성'의 핵심적 가치다. 과거 화해와 협력의 시대를 돌아보면 화해와 협력이 강화될수록 평화 감수성도 증대되었고, 남북 간 평화로운 문제 해결의 길도 커져갔다. 현재 실질적으로 요구되는 남북의 대화와 관계 개선을 위해서도 '화해와 협력'의 가치와 실천은 대단히 중요

---

26. 북한에 대한 혐오감 확산은 단지 우리 사회 내의 이데올로기 문제만은 아니다. 여기에는 국제사회의 보편적 가치로부터 멀어진 '북한'과 '핵', '인권' 문제 등이 동시에 작용하고 있다.

하다. 화해와 협력의 실현은 한반도 전쟁과 폭력의 근원에 대한 문제 제기이자 동시에 문제 해결의 첫출발이다.

한편으로 우리는 평화통일을 위한 길 찾기로서 '신뢰와 연대'의 가치를 중시한다. 신뢰와 연대는 다름에 대한 인정과 공존, 차이에 대한 존중을 기반으로 한다. 평화란 다양성과 차이의 공존이자 존중이다. 마찬가지로 통일 역시 남북의 차이와 다름을 존중하고 공존할 수 있다는 연대의 정신에 기초한다. 통일은 당연히 남북의 연대를 통해서만 가능하다. 그러므로 우리는 평화통일을 위한 유일한 길은 신뢰와 연대로부터 출발하고, 가능하다고 믿는다. 더욱이 오늘날 우리 사회 내부의 숱한 갈등과 분열 역시 신뢰의 부재와 연대의 망각 속에서 가능했다고 생각한다. 따라서 우리 사회의 분열을 극복하는 것 역시 신뢰와 연대의 가치를 통해서만 가능하다고 믿는다.

화해와 협력, 신뢰와 연대는 독특한 그 무엇이 아니다. 이미 수많은 시민단체와 평화를 지향하는 사람들이 주장하고 실천해왔던 가치다. 그렇지만 오늘날 화해와 협력이 중단되고, 신뢰와 연대가 위협받는 상황에서 다시 한 번 그에 대해 적극적인 의미를 부여하는 것이 대단히 중요해졌다. 이는 분단의 상처를 아물게 하는 적극적인 치유 과정이 될 것이다. 우리는 남북의 어린이가 미래의 희망을 함께하는 것을 꿈꾼다. 그러기에 그 무엇보다 '화해와 협력, 신뢰와 연대'가 중요하다. 이는 한반도의 평화와 통일의 과정에서 우리가 항상 간직해야 할 가치이자, 현실에서의 실천이라고 믿는다.

평화통일의 길 찾기가 어떤 구조와 과정을 통해 가능한지 이해를 돕기 위한 그림 한 편을 보면서 짧은 글을 끝맺는다.

평화통일 길 찾기

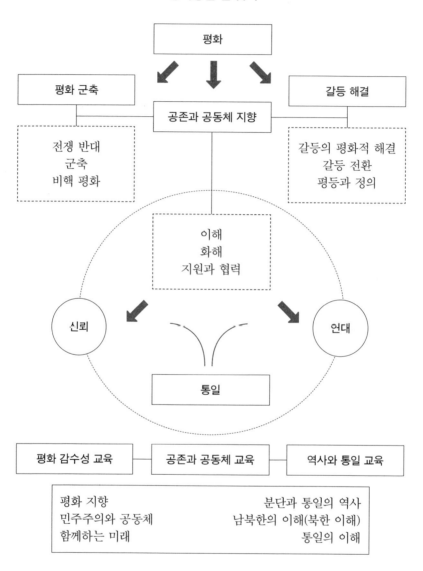

참고 문헌

- 구갑우(2006). 「한국의 '평화외교': 평화연구의 시각」. 『동향과전망』 67호.
- 김연철(2016). 『협상의 전략』. 서울: 휴머니스트.
- 김귀옥(2008). 『전쟁의 기억, 냉전의 구술』. 서울: 선인.
- 김동춘(1997). 「국가폭력과 사회계약: 분단의 정치사회학」. 『경제와사회』 36호.
- 김동춘(2006). 『전쟁과 사회』. 서울: 돌베개.
- 김일성(1982). 「조선민주주의인민공화국 정부의 당면과업에 대하여 (1962. 10. 23)」. 김일성저작집 16』. 평양: 조선로동당출판사.
- 또 하나의 문화(1996). 『통일된 땅에서 더불어 사는 연습』. 서울: 또하나의문화.
- 북민협(2015). 『대북지원 20년 백서』. 서울: 북민협.
- 서동만(2006). 「6·15시대 남북 관계와 한반도 발전 구상」. 『창작과비평』 34권 1호.
- 서보혁·정욱식(2016). 『평화학과 평화운동』. 서울: 모시는사람들.
- 요한 갈퉁(2000). 『평화적 수단에 의한 평화』. 강종일 외 옮김. 서울: 들녘.
- 이남주(2008). 「시민참여형 통일운동의 역할과 가능성」. 『창작과비평』 36권 4호.
- 이찬수(2016). 『평화와 평화들』. 서울: 모시는사람들.
- 임동원(2008). 『피스메이커』. 서울: 중앙북스.

- 임수호(2009).「한반도 평화체제 논의의 역사적 경험과 쟁점」.『한국 정치연구』18집 2호.
- 장준하(1972).「민족주의자의 길」.『씨알의 소리』1972년 9월호.
- 정영철(2018).『국가-민족 우선의 통일론에 대한 성찰』. 통일인문학.
- 정영철(2015).「사회문화 교류의 순수성 신화에 대한 비판-문화의 양가성을 중심으로」.『북한학연구』11권 2호.
- 정영철(2012a).「연대, 분단의 질곡을 넘어」. 윤홍식 외.『우리는 한배를 타고 있다』. 서울: 이매진.
- 정영철(2012b).「한반도의 평화와 통일: 이론의 긴장과 현실의 통합」.『한반도통일론의 재구상』. 서울: 선인.
- 조민(2007).『한반도 평화체제와 통일 전망』. 서울: 해남.
- 조효제(2012).『인권의 문법』. 서울: 후마니타스.
- 한모니까(2001).「4월 민중항쟁 전후 북한의 통일노선과 통일정책」. 한국역사연구회 편.『4·19와 남북 관계』. 서울: 민연.

평화시대를 여는 통일교육,
시민성교육이 필요하다[1]

정용민

한반도 평화 정착과 통일교육의 변화 필요성

한반도 평화 정착을 위한 대전환의 시기가 도래하면서 정전 상태의
종식과 평화체제 수립이 더 이상 미룰 수 없는 시대적 과제로 등장하
였다. 통일의 문제도 세계 평화와 연결해 전 지구적 차원에서 모색하
는 인식의 전환이 필요하다.

이제 한반도 평화의 문제는 새로운 통일교육의 중심 내용으로 등장
할 수밖에 없다. 나아가 평화시대가 펼쳐지는 통일 환경의 변화 앞에
서 학생들이 한반도 평화와 통일에 대해 무엇을 배우고 어떻게 학습
할 것인지에 대한 근본적인 논의가 필요해졌다. 지난 시기 안보교육
으로 회귀했던 '통일·안보교육'과 인성교육으로 접근한 '통일·나라

---

1. 이 글은 2018 한국도덕윤리과교육학회(제29회) 연차학술대회에서 발표한 논문을
수정 보완한 논문임.

사랑교육'을 성찰하고, 평화 정착과 통일시대를 여는 '평화통일교육'
을 적극 모색하고, 새로운 통일교육의 방향과 실천 방안을 제시할 때
이다.

2015년 세계교육포럼WEF에서 지구적 변화와 위기에 대응해 지역
적·국가적 경계를 초월하는 새로운 시민성 정립이 요청되면서 우리
나라도 시민교육에 대한 학교교육의 적극적 대응이 필요해졌다. 경제
적·환경적·평화적 위기에 대응하는 세계시민교육과 지속가능발전 교
육을 학교교육의 역할로 명시하였다. 전쟁과 분쟁, 빈곤과 기아, 환경
과 에너지 문제 등 지구촌의 다양한 문제를 극복하기 위한 평화시민
의식과 세계시민의식의 함양을 위한 교육이 요청되고 있다.

유럽연합이 사회 통합을 강화하고 유럽 정체성 형성을 위해 '적극
적 시민성' 함양을 강조하면서 각 국가들은 시민 역량civic competency
을 함양하는 교육지원체계를 구축하게 되었다. 우리 사회도 촛불항쟁
으로 적극적 시민성을 경험하였고, 촛불 시민의 등장으로 시민성교육
의 기반이 형성되었다. 이러한 교육 추세의 변화를 반영해볼 때, 통일
교육은 학습자의 평화 능력을 신장하여 한반도와 세계 평화에 기여
하는 평화시민과 통일시민을 양성하는 데 기여해야 한다. 전 지구적
반反평화의 문제를 자신과 이웃의 문제로 인식하고, 그 해결책을 협력
적으로 모색하는 미래 시민의 핵심역량을 함양하기 위해서 통일교육
은 시민성교육의 차원에서 재정립되어야 한다.

본 연구는 통일교육이 적극적 시민을 위한 시민성교육의 차원에서

개선되고 보완되어야 한다는 점을 강조한다.

적극적 시민을 위한 시민성교육

유럽의 적극적 시민을 위한 시민성교육active citizenship education

유럽 통합의 초창기에는 유럽 시민으로서의 시민권은 고려의 대상
이 아니었다. 유럽 시민권이라는 개념은 유럽연합을 창설한 1992년
마스트리히트 조약을 통해 정식으로 확립되었다. 유럽연합이 하나의
정치·경제 공동체로 통합되는 과정에서 유럽 시민권은 국가 단위의
시민권을 넘어서는 통합의 필수적 요소로 인정되었다. 다문화적 요소
를 인정하며 그 속에서 만들어지는 공동체 의식을 통한 새로운 유럽
정체성 형성을 목표로 하였다.

유럽 통합이 진전되면서 젊은이들이 국가 시민이면서 동시에 유럽
시민으로 살아가게 하는 통합 정체성이 문제가 되었다. 통합의 과정
이 진통을 겪으면서 유럽연합의 청소년이 유럽인으로서의 정체성을
함양하고, 유럽의 사회 통합에 기여할 수 있도록 하는 시민성교육을
강화할 필요가 부각되었다. 그러면서 유럽인으로서의 권리와 의무, 민
주적 거버넌스 역량, 민족성과 민족적 정체성의 재검토, 다원주의 사
회 대비, 사회 통합적 유럽연합 환경 구축 등이 시민성교육[2]의 중요한
과제로 부상했다. 각 국가적 수준에서 시민성과 시민성교육에 대한

논의가 중요한 사안으로 등장했고, 국가정책으로 시민 역량을 함양할 수 있는 지원체계를 구축하게 되었다.

유럽연합의 사회 통합 관련 논의는 리스본 조약[2007]에서 강조되었다. 유럽연합의 모든 청소년이 유럽인으로서의 정체성을 함양하고 유럽의 사회 통합에 기여할 수 있도록 시민성교육을 강화할 필요가 있었다. 리스본 조약에서는 사회 통합에 필수적인 '적극적 시민성' 함양을 세부 교육 목적으로 채택하였다. '높은 수준의 민주주의는 시민적 덕목과 시민의 참여에 달려 있는데' 이는 결국 적극적 시민성교육을 전 사회적으로 시행해야 한다는 것이다. '적극적 시민'이란 정치제도의 안팎에서 다양한 모습으로 기여하고 참여하는 시민 역량을 갖춘 사람을 의미한다.[송태수, 2015]

유럽연합 차원에서 추구하는 '적극적 시민'을 위한 시민성교육은 1) 사회적·도덕적 책임성, 2) 공동체 참여, 3) 정치적 문해력literacy 등으로 내용을 구체화하고 있다. 이러한 시민성교육은 [표 1]과 같이 간교육과정적인cross-curricular 성격을 가지는 쟁점들을 주로 다루고 있다.[조철기, 2006]

---

2. 유럽연합의 시민성 함양을 위한 시민교육(citizenship education)이 우리나라에 소개될 때 대부분 민주시민교육(democratic civic education)으로 환원되거나 시민성이 실종되고 있어서 본고에서는 시민교육을 기존의 민주시민교육과 대비하여 '시민성교육'으로 지칭하고자 한다.

[표 1] 시민성교육에서의 간교육과정적 관심 영역

간교육과정적 쟁점	개념	가치와 성향	기능과 능력
개발교육	평등과 다양성	인간 존엄과 평등의 신념	타인의 경험을 고려하고 인식하는 능력
다문화교육	평등과 다양성	관용의 실천	다른 견해를 인정할 수 있는 능력
인권교육	공정성, 정의, 법의 지배, 법과 인권	정의로운 행동 결정	사회적, 도덕적, 정치적 변화와 상황을 인식하고 대응할 수 있는 능력
평화교육	협력과 갈등	타인과 더불어 갈등 해결에의 관심	협력하여 갈등을 비폭력적으로 해결할 수 있는 능력
환경교육	권리와 책임	환경에 대한 관심	다양한 조작과 설득을 인식시킬 수 있는 능력

영국에서 시민성교육 논의가 촉발된 것도 유럽연합 차원의 '유럽적 시민성' 함양 교육이 한몫을 하였다. 영국이 유럽연합에 가입해 있던 시기 EU가 주도하고 있던 '새로운 유럽인'의 기치 아래 시민교육을 강화하기 위해 2000년 국가교육과정을 개정하면서 '시민성citizenship' 이라는 독립 교과를 새롭게 추가하였다. 우리나라의 중·고등학교 교육과정에 해당하는 KS 3~4학년의 필수 과목으로, 2002년부터 학교 교육과정에서 법적 구속력을 가지며 운영되고 있다.[5]

'시민성' 교과는 독립 교과 형태로 가르칠 수도 있고, 윤리, 사회, 지

2014년 평화상상 컨퍼런스 '평화를 바라보는 새로운 시선'에서
시민들이 한반도 평화에 대해 이야기 나누고 있다.

리 등의 교과와 통합해 가르칠 수도 있으며, 비형식적인 교육과정으로도 운영되기도 한다. 학생들이 지역, 국가, 국제 수준의 사회에서 유능한 시민 역량을 갖추기 위해 필요한 지식, 기능, 이해를 돕는다. 학생들이 교실 안팎에서 시민으로서의 자각, 책임감을 가지고 토론, 조

---

3. 영국은 한국의 초등학교에 해당하는 Key Stage 1, 2(핵심단계 1, 2)와 중고등학교에 해당하는 Key Stage 3, 4(핵심단계 3, 4)로 구성이 되어 있고, 의무교육은 16세까지이다. 2002년부터 국가교육과정에 도입된 시민교육은 초등학교 수준에서는 학교 교장의 재량에 따라 선택사항이고, 중학교 이후부터는 선택이 아닌 의무교과로 편성되어 있다.

사, 참가 등을 통해 실제로 사회에 참가할 수 있도록 하여 실천적 시민성을 함양하고 있다. 학습 프로그램은 1) 교양 있는 시민이 되기 위해 필요한 지식과 이해, 2) 탐구와 의사소통 기능의 발전, 3) 참가와 책임 있는 행동에 관한 기능의 발전 등으로 구성되어 있다.

촛불 시민과 시민성교육

시민과 시민성

사회의 근대성을 획득해가는 과정에서 개인은 시민으로 발전한다.송호근, 2013 개인이 시민이 된다는 것은 국가의 불합리한 통제와 개입을 물리치고 천부인권을 부여받은 시민이 되는 것이다. 그러나 시민사회 구성원인 '시민'은 단순히 자신의 권리와 이해관계의 주체를 의미하는 '개인'과 구별된다. 인간을 넘어 시민으로서 시민권citizenship을 가진다는 것은 한 개인이 사회와 국가에 참여함을 의미한다.문현아, 2015: 심성보, 2011: 심성보, 2014 사회와 국가에 참여한다는 것은 그 개인 스스로가 주체적으로 사회나 국가와의 관계 속에서 영향을 미치는 것이다. 권리를 지닌 개인으로서의 시민 개념은 점차 확대되어 집단권으로 발전하였고, 억압받는 집단을 위한 거부권의 힘을 형성하기도 한다.

그러나 우리 사회에서 시민은 분단체제가 계속 유지되는 적대적 공존 관계에서 국민과 비非국민, 시민과 비非시민을 구획하고 분열시키는 정치적 경험을 겪으면서 정치사회적 시민성이 위협을 받아왔다.김동춘, 2013 1970년대 민주화운동 이후부터 국민으로서의 지위를 갖는 법적 시민권만이 아니라 정치사회적 시민권도 성장되어왔다. '세월호 진상 규명'과 같은 시민권 인정투쟁, #Me Too(나도 고발한다) 운동은 지금도 곳곳에서 국가폭력과 국민주권 제약에 저항할 뿐만 아니라 사회적·문화적 폭력에도 맞서고 있다.

개인이 공적 주체로서의 역할을 수행하며 참여를 통해 타인과의 공동선을 논의하고 실천할 때 비로소 '시민'이 된다. 이럴 때 시민은 법과 제도적으로 주어진 권리를 넘어서는 '시민성'을 발휘한다. 따라서 이러한 시민성을 함양하기 위해서는 시민권 보장을 위한 시민교육civic education만이 아니라 적극적 시민의 성장을 돕는 시민성교육citizenship education이 뒷받침되어야 한다. 시티즌십은 공동체에 소속된 구성원으로서의 시민에게 주어진 지위와 자격·권리이면서도 함께 책임·연대·의무를 확인하는 '시민됨', '시민다움'을 말하는 시민적 덕성이기도 하다. 이러한 시민성은 주어지는 것이 아니라, 시민권 쟁취를 위한 역사적 투쟁과 사회적 실천을 통해서 형성되어왔다. 이러한 시민성은 시민성교육을 통해서 함양할 수 있는 것이다.

촛불 시민과 시민성 함양

2016~2017년 촛불항쟁은 국가권력의 공적 성격 배제에 대한 국민

적 저항으로, 국민이 위임한 권력을 사유화하고 사익을 추구하는 데 분노하며 민주주의의 정의를 회복하고자 광장에 모여 촛불을 들었다. 촛불 시민의 지속적인 참여와 연대는 시민적 저항과 자발적 참여를 극대화하여 대통령을 탄핵하고 정권을 교체하는 성과를 거두었다.

촛불항쟁은 시민정치와 공론장의 변화를 가져왔고, 우리 사회도 적극적 시민성을 경험할 수 있게 하였다. 영남대학교 통일문제연구소 연구 결과에 따르면, 촛불집회는 시민들의 관용, 신뢰, 참여의식, 공동체의식 증진에 긍정적 영향을 미쳤다고 분석하였다.도묘연, 2017 또 집회에 참가하지 않은 사람도 간접적으로 시민성이 증진되었다고 밝혔다. 이렇듯 촛불집회는 우리 국민뿐 아니라 전 지구인에게 '시민과 시민성'을 재발견할 수 있게 하였다. 촛불항쟁의 성과로 시민성교육의 기반이 형성되었다. 촛불 시민의 등장으로 기존의 시민교육을 성찰하고, 시민성교육의 차원에서 통일교육을 개선할 수 있는 기회를 갖게 되었다.

그런데 이러한 변화 과정에서 시민 주체의 성장에 특히 주목할 필요가 있다. 여성과 청소년들은 2008년 촛불집회에서 사회운동의 '새

---

4. 2017년 독일 공익 정치재단인 프리드리히 에버트 재단은 '2017년 에버트 인권상' 수상자로 촛불 집회에 참여한 1,700여만 시민, 촛불 시민을 선정하였다. 1994년 인권상이 제정된 이래 특정인이나 단체가 아닌 특정국 시민들이 수상한 것은 처음이라고 한다. 에버트 재단은 "민주적 참여권의 평화적 행사와 평화적 집회의 자유는 생동하는 민주주의의 필수적인 구성 요소"라며 "대한민국 국민들의 촛불집회가 이 중요한 사실을 전 세계 시민들에게 각인시켜준 계기가 됐다고 생각한다"고 그 선정 이유를 밝혔다. 뉴스1(2017. 10. 16).

로운 참여자'로 등장하였다. 이들이 2016~2017년 촛불집회에서는 광장 참여 지성의 주체인 적극적 시민으로 성장하였다. 이러한 다양한 시민지성의 등장은 학교교육의 성과라기보다는 시민사회의 성장과 인터넷 환경에 익숙한 시민들이 정치적·비정치적 결사체 활동에 참여하고, 사회와 국가 문제의 개선과 변혁에 앞장서는 시민사회의 연대적 실천에 직간접으로 참여한 경험에서 표출되었다고 볼 수 있다.

이러한 시사점은 기존 민주시민교육과 통일교육의 방법론을 다시 검토하게 한다. 민주주의에 대한 사전 지식보다는 민주주의를 실천할 수 있는 의식과 태도를 가진 사람이 참여 민주주의 실현에 더 관심을 갖는다는 점이다. "지식과 지식에 대한 요구는 참여에 선행하는 것이 아니라 정치 참여에 뒤따른다"는 바버Barber, 1984의 주장처럼 참여 활동을 통해 습득되는 시민적 태도는 시민적 지식은 물론 시민성을 향상시키는 주요 계기가 될 수 있다는 것이다.

이러한 관찰을 통일교육에 적용하면, 학습자들이 평화 정착과 통일 문제에 대한 다양한 의사소통과 의사결정 과정에 직간접적으로 참여할 수 있을 때 시민성 함양을 기대할 수 있다는 것이다. 당위적으로 요청되는 통일의 필요성과 지식으로서의 '통일문제'를 다루는 것으로는 한계가 있으며, 이러한 학습에 대한 관심도 시민적 참여와 연계될 때 관심과 인식의 변화를 견인할 수 있다. 특히 잠재적 참여활동이라고 할 수 있는 학습활동에서 현실의 논쟁적인 통일문제나 분단 극복의 문제들에 대해 비판적으로 사고하고 협력하여 문제를 해결하

는 경험을 늘려갈 수 있을 때 적극적인 시민성을 함양할 수 있다는 것이다.[5]

통일교육, 시민성교육의 접근이 필요하다

도덕교육과 인성교육적 접근에 의한 통일교육의 한계

한반도 평화시대를 앞두고 학생들에게 평화와 통일의 문제를 어떻게 가르쳐야 할 것인가에 대한 근본적인 연구와 교육적 논의가 필요해졌다. 지금까지 통일교육은 국민을 대상으로 하는 정신교육과 이념교육의 오래된 전통에서 벗어났어도 반공교육 이래 정치교육의 관행을 벗어나지 못하고, 여전히 도덕교육과 인성교육의 접근이 지배적이라 할 수 있다. 학습자의 자기주도적인 배움이 있는 성장과 역량의 성취에 관심을 갖기보다는 정부 주도의 단일 맥락에 의한 일방향적 지향성 교육의 방법적 원리를 벗어나지 못하고 있다.

특히 [그림 1]과 같이 1990년대 시계視界로 되돌아간 지난 정부의

---

5. 이런 점에서는 평화와 통일문제에 대한 사회적·정치적 논쟁 문제, 즉 공공 쟁점(public issues)을 학습 내용으로 선정하고, 보이텔스바흐 합의(Beutelsbacher konsens)의 논쟁 재현 원칙을 따를 필요가 있다. 보이텔스바흐 합의에서 논쟁 재현이란 학문과 정치의 세계에서 다투어지는 것, 논쟁적인 것은 수업에서도 이 논쟁이 재현되어야 한다는 것이다. 이를 통해 어느 하나의 견해가 올바르다는 판단이 교육현장에서 통용될 때 나타날 수 있는 교조화를 막고자 하였던 것이다. 서울특별시교육청교육연구정보원(2017) 참조.

'통일·안보교육'과 '통일·나라사랑교육'은 학교통일교육이 반공교육과 안보교육의 경험처럼 '안보담론'과 '국익담론'을 '상징적'으로 일반화하는 성공 매체로서의 위력을 누릴 수 있게 했지만, 동시에 '악마적' 일반화의 기능적 함의도 동반되어 있으므로 학습자들로부터 외면당하는 무관심 현상을 눈여겨보아야 한다.

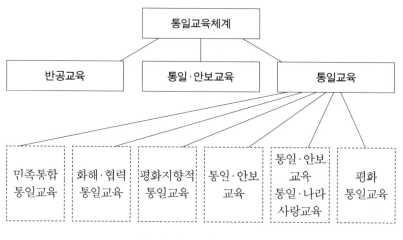

[그림 1] 통일교육체계

이러한 통일교육은 청소년의 통일 무관심 현상을 극복하는 데 한계가 있기 마련이다. 지금까지 통일교육은 '올바른'(가치관), '균형적인'(북한관), '건전한'(안보관), '객관적인'(관점) 통일 인식을 강조하지만 어떻게 판단하고 사고하는 것이 올바르고 균형적이며, 건전하고 객관적인 것인지를 구체적으로 제시하지 않았다. 통일 사회라는 새로운 사회를 만들어가는 미래 세대의 통일 역량을 함양하는 교육 목표와 성취기준을 제시하지 못하면서, 도덕의 기초를 놓는 규범적 인식구조, 행동구조를 강제하기만 하였다. 도덕적 커뮤니케이션에 의존하는 통일교육으로는 통일 환경의 복잡성을 해결하는 데 어려움이 따르기 마련이다. 그 결과 새로운 사회질서 형성의 기대를 만족시킬 수 없으며, '대안적인 행위와 참여'의 가능성을 제한할 수밖에 없다. 따라서 이러한 통일교육은 정치적 효용 가치가 높아서 퇴행적으로 되풀이되곤 하지만, 미래 세대 청소년들의 통일 관심과 참여를 이끌어낼 수 없다는 점에서 볼 때 교육적 효용 가치는 제고되어야 한다.

학교교육에서 인성은 도덕교육의 영향을 받아 "한 개인에 있어서 실천적인 선택과 행동에 관련된 도덕적 특성"김원중, 2012으로 해석되는 경우가 일반적이다. 또한 인성교육character education은 "주관적 내면세계에 비중을 두었던 우리의 전통적인 심성교육"조난심, 1995, "사회적으로 바람직한 행위규범을 내면화함으로써 인간으로서 갖추어야 할 최소한의 품성을 형성하는 교육"신차균, 2000 등으로 정의되어왔다.

이러한 인성교육을 법적 의무로 규정한 「인성교육진흥법」이 2015년 7월부터 시행되고 있다. 이 법은 건전하고 올바른 인성人性을 갖춘 국민을 육성하여 국가사회의 발전에 이바지함을 목적으로 하고 있다. 여기에서 '인성교육'이란 자신의 내면을 바르고 건전하게 가꾸고 타인·공동체·자연과 더불어 살아가는 데 필요한 인간다운 성품과 역량을 기르는 것을 목적으로 하는 교육을 말한다. 인성교육의 목표가 되는 "핵심 가치·덕목"은 예, 효, 정직, 책임, 존중, 배려, 소통, 협동 등으로 마음가짐이나 사람됨과 관련되는 핵심적인 가치 또는 덕목을 말한다.

그런데 전통적인 덕목을 부각시켜 권위주의 시대의 효행, 예절교육, 훈육교육을 답습하는 보수적 인성교육 접근법은 아이들의 미성숙론에 바탕을 두고 전통적인 덕목을 부각시켜 효행과 예절 등을 강조하지만, 사회적·경제적·정치적 요소에서 발생한 문제를 개인의 태도와 행동의 문제로 원인을 돌리는 관점을 취하고 있다. 이러한 접근은 인성의 바탕을 이루는 사회적 조건을 거론하지 않고, 사회적 현실의 쟁점에 대한 비판적 사고와 자율적 결정을 회피하는 경향이 있다.[심성보, 2015] '통일·나라사랑교육'처럼 인성교육, 도덕교육 차원으로 접근하는 통일교육은 복잡한 사회적 갈등과 지구촌의 난제들 앞에서 개인이 무력해지고, 무관심한 '정치적 문맹자'가 되게 하거나, 방법론적 국가주의를 맹목적으로 수용하는 수동적인 추종자를 양산할 수 있다는 점에서 교육 그 자체가 '위험risk'이 될 수도 있다.

오늘날 시민은 국가 외에 다른 공적 영역을 만드는 시민으로서 시민성의 발현을 필요로 하고, 때로는 국경/국적을 초월하기도 하면서 지구적 시민으로 살아가야 한다. 그래서 '교복 입은 시민'을 키우기 위해서는 인간성과 시민성을 모두 고려하는 교육체계가 작동되어야 한다. 인간성/사람다움과 시민성/시민다움은 대립적인 것이 아니라 상호 보완적인 성격이기 때문에 보편성으로서의 인간성과 특수성으로서의 시민성의 공존이 필요하다. 미래 세대를 '인간성'과 '시민성'이 잘 융합된 창의적 존재로 기르려면 인성교육/인격교육에 머물러 있을 것이 아니라, 시민교육/인권교육을 더욱 강화해야 한다. 따라서 인성교육에 머물러 있는 2015 교육과정 총론의 핵심역량은 수정되어야 하고, 기존의 통일교육도 적극적 시민성을 함양하는 시민교육 차원의 접근과 통일핵심역량을 고려하는 성취기준의 확보가 시급하다.

시민성의 범주와 참여자로서의 시민 역량

미래 사회를 이끌어갈 청소년들의 전 지구적 차원에서의 생존과 지속가능한 발전을 위해서는 적극적으로 참여하는 시민성에 대한 배움과 훈련이 필요하다. 그런데 우리 사회는 유럽연합의 시민성교육을 민주시민교육의 틀로만 국한시켜 접근하였고, 시민성에 대한 논의는 주로 국가 단위로 정의되었으며, 이때 시민의 개념은 국가 내부를 구성하는 국민과 민족의 개념으로 규정짓는 경우가 많았다. 글로벌 시대를 살아가는 개인의 삶이 더 이상 특정 국민국가의 시민성 테두리 내에 머물러 있을 수 없듯이, 이제 지역적·국가적 경계를 초월한 새로운 시민성을 정립해야 한다. 세계 공동체의 등장으로 국가적 정체성과 애국주의를 강조하는 시민교육을 극복하고 이에 대한 대안으로서 세계시민성이 강조되고 있으며, 이럴 때 세계시민성 교육의 목적은 학습자가 지구적 도전에 대응하기 위해 지역적·지구적으로 적극적인 역할을 하여 더욱 공정하고 평화롭고 관용적이고 포용적이며 안전한 지속가능한 세상을 위해 기여하는 사람이 되도록 하는 것 이다.^{UNESCO, 2014: 15}

[표 2] 국가시민성과 세계시민성 비교

구분	국가시민성	세계시민성
지위	법적/제도적	도덕적
소속감	제한적	개방적
기초 단위	국가	세계
배경	영토 공동체	초국가적, 상상의 공동체
행위 중심	국가정치제도	세계시민사회
시민 정체성	고정적, 경쟁적	유연적, 다중적

출처: Myers, 2010: 485[6]

시민성교육의 담론과 실천의 문제는 결국 개인으로서의 인간, 국가 시민성을 갖는 국민으로서의 인간, 민족 구성원으로서의 인간, 글로 벌 시민성을 갖는 세계시민으로서의 인간에 대한 논의가 함께 이루 어질 수밖에 없다. 히터Heater는 시민의 지위를 다중적으로 보는 다 중시민성을 주창하였다. 시민성이 개입되는 공간적인 차원을 지방, 국 가, 지역(국가연합), 세계 수준으로 구분하여 시민으로서의 정체성은

6. Myers, J. P.(2010).

다중적일 수밖에 없으며 또 다중적이어야 한다고 했다.[Heater, 1990; 김왕근, 1999 재인용] 이를 참고하여 통일교육과 관련된 시민성을 [표 3]과 같이 구분해볼 수 있다.

[표 3] 통일교육 관련 시민성의 구분

구분	세계시민성 (global citizenship)	민족시민성 (ethnic citizenship)	국가시민성 (national citizenship)	지역시민성 (local citizenship)
지위	도덕적	도덕적	법적/제도적	법적/제도적
소속감	개방적	제한적	제한적	제한적
기초 단위	세계	한반도	남한	시·도
배경	초국가적 상상의 공동체	통일 지향 상상의 공동체	영토 공동체 헌법 공동체	자치 공동체
시민 정체성	유연적, 다중적	화해적, 공생적	통합적, 경쟁적	참여적, 연대적

한반도의 분단 현실에서 살아가는 현실적 삶의 관계에서 개인은 '지역 주민으로서의 시민local citizen', '민족의 일원으로서의 시민ethnic citizen, '국민으로서의 시민national citizen', '세계시민global citizen'으로서의 지위를 동시에 지닌다고 할 수 있다. 이럴 때 '시민'의 역할은 급속하게 변화하고 갈등·대립하는 구체적인 삶의 환경에서 개인의 개별적 생존의 문제라기보다는 집단 구성원의 사적 이익과 공적 이익을 조정하는 중간자적 역할을 포함하고 있다.[이병천, 2004] 또한 미래 세

대(학습자)의 시민에게는 인류의 보편적인 가치를 실현하면서도 세계
와 지역공동체의 '참여자'로서 평화와 공동의 이익 실현에 대해 관심
을 갖고 실천할 수 있는 역량이 필요하다고 할 수 있다. 따라서 새롭
게 정립되어야 할 통일교육은 다중적 시민의 자질과 역량을 함양시키
는 이러한 시민성교육의 요청을 적극 검토해야 한다.

통일 역량 함양을 위한 시민성교육 접근의 필요성

현재의 통일교육 목표는 이명박 정부 때 남한 정부가 남북 관계를
견인하기 위해서는 통일교육을 통한 국민적 공감대 형성이 필요하
다는 것을 전제로 하여, 1) 미래지향적 통일관, 2) 건전한 안보의식,
3) 균형 있는 북한관 정립을 강조하면서 통일교육이 통일·안보교육
으로 회귀하였고, 문재인 정부 초기에도 여전히 유지되고 있다.

이렇듯 지금까지 통일교육 목표 수립은 교육적·학문적 사회체계에
의해 수립되지 못한 채, 「통일교육지원법」이 제정된 이후에는 국가의
전유물로 법적 지위로 제한해왔다. 그 속에서는 국가가 보편자로 작
동되는 전통적인 존재론이 지배적이어서 개인은 국가 이익에 따라야
하고, 국가적 통일관이 우선되었다. 그럴 때 통일교육은 국가 차원에
서 통일의 당위성과 필요성을 교육하는 것이고, 통일정책을 홍보하는
기제로 작동되면서 학습자를 대상화시키는 결과를 초래하였다.

통일이 분단사회를 극복하고 새로운 사회질서를 만드는 변동의 과
정이라면, 통일을 연습하는 통일교육의 과정도 새로운 사회적 질서의

창발 가능성을 열어두어야 한다. 2018년 북한 핵문제 해결과 한반도 평화 정착에 대한 사회적 기대가 높아지고 더 이상 냉전적 대립으로 회귀할 수 없는 사회적 컨센서스consensus가 만들어졌듯이, 평화시대의 새로운 기대 구조에 맞는 통일교육체계[7]의 전환과 교육 목표의 재정립이 요구되고 있다.

사회가 진화하듯이 통일교육체계도 진화해왔다. 통일 환경의 변화는 새로운 통일교육체계의 등장 조건이 된다. 새로운 통일 환경의 변화에도 불구하고 기존의 통일교육체계(통일·안보교육)가 변화를 수용하지 않으면, 결국 현장의 교육 수요를 수용할 수 없게 된다. 통일교육에 대한 교육적 지위와 영향력도 쇠퇴하고 학교현장은 혼란을 거듭할 수밖에 없다. 독일 정치교육의 경험(예: 보이텔스바흐 합의[8])과 같이 교육 목표의 사회적 수립 가능성을 열어두고서 사회적 합의를 통해 통일교육의 목표를 재정립해야 한다. 정권의 교체에도 불구하고 지속가능한 통일교육의 목표 재정립이 필요한 것이다.

통일이 과정이듯이 평화도 과정이다. '사실상의 평화'로서의 한반도 비핵화와 평화체제 구축이 이루어지고, 남북이 협력하여 상생하고 번영하는 '사실상의 통일' 과정을 거쳐 평화통일로 나아가는 노력이 지

---

7. 통일교육체계는 일정 기간 동안 특정한 통일교육에 대한 학문적·교육적 커뮤니케이션이 작동되는 교육체계를 말한다.
8. Bernd H. Binger, 「독일 연방정치교육원의 기능과 역할」, 『민주시민교육의 비전과 제도화』(중앙선거관리위원회, 2005), 62쪽에서 재인용.

속적으로 추진되려면 적극적 평화에 기초한 평화와 통일 역량의 형성을 위한 교육적 관심이 적극적으로 요청된다. 분단을 극복하고 평화시대를 여는 통일교육에 앞서 평화시민으로서 갖추어야 할 통일핵심역량을 길러주는 교육이 준비되어야 한다.

이를 위해서는 소극적 분단평화를 넘어서 적극적으로 통일평화를 실현하려 노력해야 한다. 북한 핵문제 해결은 한반도 비핵화와 전 세계의 평화와 연결된 문제이듯이, 통일의 문제를 한반도의 문제가 아닌 전 지구적 차원에서 인식하는 패러다임의 전환이 필요하다. 이에 한반도의 지속가능한 발전과 평화와 통일의 실현을 위해서는 평화시민[9]과 세계시민의 양성이 요구된다. 따라서 통일교육은 평화 능력을 신장하여 한반도와 국제사회의 평화에 기여하는 평화시민을 기르고, 전 지구적 문제를 자신의 문제로 인식하고 그 해결책을 협력적으로 모색하는 세계시민의 핵심역량을 함양하는 시민성교육의 차원에서 재검토되고 개선되어야 한다.

지금 새롭게 정립되어야 할 통일교육은 학습자가 적극적 시민으

---

9. 우리 사회에서 '평화시민'은 교육적 논의가 필요한 개념이며, 경기도교육청이 인정도서를 개발하면서 등장시킨 일종의 '교육시민'-민주시민, 통일시민, 세계시민-이라 할 수 있다. '교육시민(Bildungsbürger)'은 원래 르네상스 이후 등장한 당시의 시민 개념을 지칭할 때 사용한 말이다(Kocka, 1992). 평화시민이 여전히 학문적 논의가 필요하고, 시민성의 분류에서도 중첩되거나 완전하지 않은 의미이지만, 국가시민성에서 민주적 시민성 못지않게 평화적 시민성이 필요하다는 차원에서 차용하고자 한다. 이럴 때 '평화시민'은 지역·국가·세계 시민성에 기초한 평화적 시민성을 갖춘 미래 시민을 지칭한다고 할 수 있다.

로 성장할 수 있게 하고, 통일 환경에 대한 구체적·맥락적 이해를 바탕으로 현실적으로 통일을 달성할 수 있는 능력을 기르는 데 집중해야 한다. 다양한 통일 연습을 통해 역량competency이라는 구체적 대응 능력을 경험할 수 있게 하고, 통일문제를 해결하는 의사결정 과정에 대한 참여 학습과 체험 학습을 통해서 평화시민성과 통일시민성을 함양할 수 있게 하는 교육과정이 개발되어야 한다. 이를 위해서는 한반도의 분단과 그에 따른 반反평화적인 상황을 자신의 문제로 인식하고 그 해결책을 찾아 행동하는 참여 학습이 필요하다. 미래 시민의 성장을 돕는 배움 중심, 체험 중심, 활동(기능) 중심의 시민성교육 citizenship education을 개발하고, '평화시민'과 '통일시민'을 양성하기 위해서는 통일핵심역량에 대한 연구와 이를 함양하는 학교급별 교육과정과 성취기준의 개발이 절실하다.

평화시대 통일교육과 평화적 시민성 함양

한반도 평화 실현과 통일교육

한반도에서 평화에 대한 이해는 분단체제의 평화로운 해결과 평화적인 통일에 대한 관심이 지배적일 수밖에 없다. 첨예한 군사적 긴장과 전쟁의 가능성을 제거하고 화해와 공존, 교류 협력과 통일의 길을 열어주는 평화체제를 실현하기 위해서는 어떠한 평화연구와 평화교육이 필요한 것인가에 주목할 수밖에 없다. 한반도의 평화 형성이 세계 사적이고 보편적 지향을 갖는다면 통일은 보다 한반도의 특수 과제라고 할 수 있다. 그래서 한반도적 상황은 평화를 포괄적으로 구상하지 않는 통일이나 통일을 적극적으로 사고하지 않는 평화 모두 적실성을 얻기 어렵다.김병로, 2011

지난 시기 군사독재 체제하의 반공교육도 체제 경쟁을 강화하는 안보교육도 달리 말하자면 평화를 지키기 위한 평화교육이었다고 볼 수 있다. 이러한 '평화'는 분단체제의 현 상태status quo를 유지하는 '소극적 평화'로 해석될 수 있다. 이러한 '평화'에 기초할 때 '안보'나 '통일' 문제는 항상 '국익'과 '체제 수호'를 위한 것이므로, 통일교육은 분단체제에 순응하도록 하는 '사회화' 기능을 담당해 결국 체제 유지와 이념을 수호하는 데 그 목적을 다하는 기능적 한계로부터 자유로울 수가 없었다.

이러한 평화를 실현하는 통일교육의 목표는 현재 「통일교육지원법」에 잘 명시되어 있다. '통일을 이루는 데 필요한 인식과 태도'는 '국가 안보'와 '전쟁방지'를 기축基軸으로 자유민주주의 신념, 민족공동체 의식, 건전한 안보관을 바탕으로 형성해야 할 교육적 목표가 되는 것이다. 그러나 통일 환경의 변화에 따라 이러한 평화 인식과 통일교육의 목표 수정은 불가피해졌다.

통일교육은 통일에 대한 현실 인식과 통일에 대한 전망을 올바르게 세워 통일을 꿈꿀 수 있게 하고, 그 꿈을 실현할 수 있는 통일 역량을 기르는 교육활동이다. 따라서 핵 없는 한반도와 지속가능한 평화체제를 구축하는 통일 환경의 변화에 따라 한반도 평화시대를 준비하는 통일교육의 방향과 내용 체계는 새롭게 수립되어야 한다. 이를 위해 적극적 평화에 기초한 안보관이 새롭게 논의되어야 한다. 또한 남북 관계의 상호 존중 차원에서 상생을 위한 화해와 신뢰 구축 및 번영을 위해 협력하는 북한관이 마련되어야 한다.

평화의 관점에서 볼 때, 통일은 단지 통일을 위한 것이 아니라 통일을 넘어서 더 나은 삶의 문화, 즉 평화의 문화를 위한 것이어야 하며, 통일교육은 궁극적 평화 문화를 일상적인 삶의 문화로 정착시키는 평화 능력 신장을 목표로 해야 한다. 요한 갈퉁은 이러한 문제 해결을 위해 "평화로운 수단에 의한 갈등 전환TRANSCEND"이라는 방법을 제안하였다. 통일교육에 이를 적용하면, 이러한 갈등 전환의 방법은 분단구조를 단순히 비판이나 극복의 대상으로만 보지 않고, 반대로 분단구조로 인해 지속적으로 피해를 입는 당사자인 시민들의 필요를 충족시킬 수 있게 분단구조를 우리가 변화시켜야 하는 목표로 설정할 수 있게 한다. 통일교육을 통해 그 분단구조를 성찰하고 구조적 문제에 대응할 수 있도록 당사자들의 인식을 변화시키는 것이 필요하다. 따라서 새로운 통일교육은 분단체제의 반反평화적 상황을 변화시키고, 분단 문화를 극복할 수 있는^{한만길, 2000} 평화역량을 함양하게 하는 교육활동, 즉 시민들의 배움과 성장을 통해 분단 갈등을 전환할 수 있게 해야 한다.

2015년 남의 청소년들이 분단을 체험하고 한반도 평화에 대해 생각해보기 위해 북중 접경 지역으로 평화 기행을 떠났을 때, 압록강에 발을 담그고 있는 모습.

평화적 시민성을 함양하는 통일교육

한반도 평화 문제는 새로운 통일교육의 중심 내용으로 등장할 수밖에 없고, 한반도 평화 정착과 통일시대를 열기 위해서는 기존의 통일교육 관행을 극복하고 새로운 접근 가능성을 제시해야 한다. 그 가능성 중 하나로 평화적 시민성을 함양하는 통일교육을 적극 모색할 필요가 있다.

민주시민 없이 민주국가가 작동될 수 없듯이 평화시민 없이는 평화로운 국가체제와 미래 사회를 꿈꿀 수가 없다. 한반도 평화시대가 요청하는 평화적 시민성은 기존의 시민교육civic education 차원의 민주시민교육에서 경험한 시민성으로 만족할 수 없다.이기범, 2017 자유, 평등, 인권, 정의 등 민주적 가치를 익히고 실천하는 일반적 시민교육으로는 평화통일을 이끌어갈 적극적 시민의 역량을 개발하기에 충분하지 않다. 특히 한반도의 분단과 그에 따른 반反평화적인 상황을 자신의 문제로 인식하고 그 해결책을 찾아 행동하는 '통일을 준비하는 평화시민'을 양성하려면 [표 4]와 같이 별도의 평화적 시민성교육을 새로이 개발해야 한다.

[표 4] 평화시대의 시민성교육

구분	국가시민성(국민)		세계시민성 (세계시민)
	민주적 시민성	평화적 시민성	
영역	개인/사회 (individual/social)	지역 (local/national)	세계 (global/glocal)
시민성교육	민주시민교육	평화시민교육	세계시민교육

통일된 국가의 시민으로 인정받기 위한 실천 노력, 통일국가의 평화적 시민권을 지향하는 것이 평화적 시민성을 함양하는 통일교육의 중심 내용이다. 세계시민성은 스스로 세계를 하나의 공동체로 규정하거나 인식토록 하는 일이 중요한 것이고, 글로벌리제이션globalization의 로컬화가 아니라 로컬local의 글로벌화로 사유할 수 있는 새로운

가능성으로 글로컬glocal 시민성에 주목해야 한다. 반면에, 평화적 시민성은 전 지구적 관점의 평화 실천을 한반도에 적용하여 일상의 평화적 갈등 해결은 물론 남북의 평화적 통일을 위한 분단구조의 전환, 지구적으로 지속가능한 평화를 실천하는 공적 주체로서의 '평화시민', '통일시민'의 성장에 관심을 갖는다.^{김동춘, 2013} 그래서 '평화적 시민성을 함양하는 통일교육'에는 여전히 분단 상황의 극복과 통일의 진전이 불명확한 상태에서 교육을 통해 평화를 실천하는 경험 학습과 평화로운 관계 회복과 관계 전환을 학습을 통해서 경험하는 평화시민으로서의 성장을 돕는 참여 학습이 필요하다.

이럴 때 평화적 시민성을 함양하는 통일교육은 일반적인 평화교육과 달리 시민교육의 성격과 동시에 시민성교육 차원의 교양교육의 성격을 포함한다. 평화적 시민성을 함양하는 통일교육은 학생들이 통일평화의 문제에 대한 어떤 지식을 얻는 것과 그 문제를 해결하고 실천하는 행위 사이를 연결할 수 있는 시민성으로서의 역량competency을 기르는 것에 역점을 둔다는 점에서 교과교육의 성격과 구분할 수 있다. 구체적인 예를 들자면, 평화 시민성을 함양하는 교육의 방법은 평화의 문제를 거대한 '구조'와 '체계'를 잘게 부숴서 다시 조합하는 근대적 분석 방법에 기초한 사회과 학습의 방법에 의존하지 않는다. 국가의 입장에서 통일의 필요성을 찾고 문제 해결 또한 국가와 정부 입장에서의 정답을 찾지 않는다. 갈퉁의 갈등 전환처럼 학습을 통해 분단구조에 의한 희생자, 약자, 피해자, 당사자가 되어 존재적 관계 형성과 관계 전환의 경험을 해보게 하여 문제 해결의 당사자로서 평화시민으로 성장할 수 있게 한다.

시민의 입장에서 시민사회(지역, 이웃)가 겪고 있는 분단구조를 성찰하면서 그들(이웃과 주민들)의 문제를 통해서 분단구조를 사람의 이야기로 만나고, 그들의 아픔과 희망을 함께 해결하는 연대적 실천을 경험한다는 점이 기존 교과교육의 접근과 다르다고 할 수 있다. 학습자가 타자가 처한 현실의 관계에 민감해지려면 '그 사람'을 '너'로 불러서 만나는 노력을 해야 한다. '그'의 문제가 '나'의 문제로 다가올 수 있는 방법은 독백('그가 왜 그랬을까?')에서 대화의 방법('너는 왜 그랬니?')으로 전환될 때 '구조'와 '체계'의 문제가 내 앞에 다가온 사람의 이야기narrative로 전해지고, 그 문제의 해결 가능성을 더 적극적으로 모색하게 한다. 이러한 학습을 통해서 학습자는 평화시민으로 살아간다는 것, 평화시민으로서의 자기 인식을 늘려가며 연대하고 행동하는 배움을 통해서 평화 역량을 함양할 수 있다. 이러한 통일교육의 접근은 '이기는 통일교육'에서 '함께 사는 통일교육'으로의 전환을 가능하게 한다. 통일과 북한 관련 지식의 획득을 넘어서서 남과 북의 공존과 평화적 갈등 해결의 능력과 태도, 실천력을 배양하는 통일교육이 필요한 것이다. 통일교육이 평화교육의 문제의식과 연결되는 것은 바로 이 지점이다.조정아, 2007

이 지점에서 독일의 정치교육을 왜 '정치 학습Politische Erziehung'이 아니라 '정치 교양Politische Bildung'이라 하는지를 고찰해볼 필요가 있다. 그들의 정치교육이 단지 지식을 전달하는 수준에 그치지 않고 시민들이 자발적으로 민주주의를 만들어나갈 수 있도록 동기부여를 하는 것이라면, 그리고 정치교육이 단순한 현상 유지를 넘어서 미래지향적으로 문제 해결에 도움이 될 수 있기 위해서는 정치 학습이 아니라 정치 교양의 성격을 갖는다는 점에 주목해야 한다.[10] 정치 교양은 사회화 수준에서 사회 정치적인 현상 유지의 수용보다는 자신들의 최고 이상을 실현하기 위해 도전하는, 사회의 내재적 비평에 관여하는 비판적 시각과 자아성찰의 의미까지 포함하는 교육 가능성이 내포되어 있다는 점에 유의해야 한다.

이제 평화적 시민성을 함양하는 통일교육은 평화와 통일에 대한 지식을 습득하는 학습에만 의존하지 않고, 평화적 통일에 대한 관심과 이해와 가치판단을 부가하여 점차적으로 통일 기반을 조성하기 위한 역량을 집적하는 시민성교육 차원에서 교양교육의 성격을 강화해야 한다. 교과 학습과 교양 측면 모두 고려하여 학습자가 평화적 문제 해결과 평화 문화의 증진에 대한 시야와 지평을 확장할 수 있어야 한다. 이러한 접근에 의한 평화적 시민성을 함양하는 통일교육이 추구하는 교육적 효과를 충분히 달성하려면, 학교교육만이 아니라 평생학습을 통해 평화와 통일을 실천할 수 있는 기회를 제공해야 한다.

---

10. 'Bildung'은 루만((Niklas Luhmann)의 교육체계 개념을 적용하면 우연성의 공식이 적용되는 교양(cultivation)이라 할 수 있다. 이러한 교양은 표준 개념이 아니라, 사회적 관계에서 다른 사람들이 의미하는 것이 무엇인지를 관찰하는 성찰적 개념이며 평생교육을 통해서 습득하는 성찰적 관찰이라 할 수 있다.

참고 문헌

- 고병헌(2000). 「실천적 평화교육을 위한 철학적 기초」. 『여성과 평화』 1집.
- 김동춘(2013). 「시민권과 시민성-국가, 민족, 가족을 넘어서」. 『서강인문논총』 37.
- 김병로(2011). 「통일교육과 한반도형 평화 인문학」. 『통일교육 과거, 현재, 미래』. 서울: 통일연구원.
- 김수진(2015). 「인성교육의 주요 접근 및 쟁점 분석」. 이화여자대학교 박사학위논문.
- 김왕근(1999). 「세계화와 다중시민성 교육의 관계에 관한 연구」. 『시민교육연구』 28.
- 김정수(2004). 「고통에 연민하고 연대하는 것」. 『나와 세상을 평화롭게』. 평화를 만드는 여성회.
- 도묘연(2017). 「촛불집회 참여가 시민성에 미친 영향력 분석」. 『한국지방자치연구』 제19권 제2호.
- 문현아(2015). 「시민/시민권. 여성문화이론연구소」. 『페미니즘의 개념들』. 서울: 동녘.
- 박배균(2012). 「한국학 연구에서 사회-공간론적 관점의 필요성에 대한 소고」. 『대한지리학회지』 제47권 제1호.
- 배영주(2013). 「세계시민의 역할 과제를 중심으로 한 세계시민교육의 재구상」. 『교육과학연구』 44(2).
- 서울특별시교육청교육연구정보원 교육정책연구소(2017). 「보이텔스바

흐 합의 정신에 기반 한 학교 시민교육 현장 적용 방안 연구」.
- 소경희(2007). 「학교교육의 맥락에서 본 '역량'의 의미와 교육과정적 함의」. 『교육과정연구』 Vol.25, No.3.
- 송태수(2015. 12). 「시민성 함양의 평생교육 - 영국과 독일의 노동교육 사례」. 『우리교육』.
- 송호근(2013). 『시민의 탄생: 조선의 탄생과 공론장의 지각 변동』. 서울: 민음사.
- 송호근(2015). 『나는 시민인가』. 파주: 문학동네.
- 심성보(2011). 『인간과 사회의 진보를 위한 민주시민교육』. 서울: 살림터.
- 심성보(2014). 『민주시민을 위한 도덕교육』. 서울: 살림터.
- 심성보(2015). 「인성교육에 대한 "시민성" 접근」. 『교육비평』 36.
- 유성상(2016). 「아시아에서의 세계시민교육 - 탐색과 가능성」. 『아시아교육연구』 17.
- 이기범(2017). 「다원화시대의 공동선 모색을 위한 평화교육과 덕윤리」. 『다문화사회연구』 10(2).
- 이병준(2012). 「다문화시대의 시민교육-교육학적 접근」. 다문화연구소 국제학술대회.
- 정성훈(2009). 「루만의 다차원적 체계이론과 현대 사회 진단에 관한 연구」. 서울대학교 박사학위논문.
- 조정아(2007). 「통일교육의 쟁점과 과제」. 『통일정책연구』 제16권 2호.
- 조철기(2006). 「영국 국가교육과정에서 시민성 교과의 출현과 지리교육의 동향」. 『한국지역지리학회지』 12(3).
- 조철기(2015). 「글로컬 시대의 시민성과 지리교육의 방향」. 『한국지역지리학회지』 21(3).
- 중앙선거관리위원회(2005). 『민주시민교육의 비전과 제도화』.

- 한만길 외(2000). 『남북한 화해·협력 촉진을 위한 교육의 과제』. 서울: 통일연구원.
- Heater, D.(1990). World citizenship and government. London: Macmillian Press.
- Myers, J. P.(2010). To benefit the world by whatever means possible: adolescents' constructed meanings for global citizenship. British Educational Research Journal. 36(3).
- Rorty, R.(1996). 『우연성, 아이러니, 연대성』. 김동식 외 옮김. 서울: 민음사.
- W. Norton Grubb & Marvin Lazerson.(2004). The Education Gospel. The Economic Power of Schooling. Harvard University Press.

2부

평화교육, 이렇게 합시다

아일랜드 평화교육에서 한반도 평화를 생각하다

정진화

아일랜드로 평화연수를 떠나다

십 년쯤 전이었을까. 중학교 2학년 수업을 맡았는데 늘 조용하게 집중해서 듣는 여학생이 있었다. 수업 시간에 다른 친구들과 어울려 떠들거나 발표를 한 적도 없어 그 학생이 말하는 목소리를 들어보질 못했다. 말이 없고 혼자 외로워 보이는 그 학생의 얼굴을 기억하는 건 여름방학이 끝나고 나눈 대화 때문이다. 방학 때 무엇을 했느냐고 물으면 학생들은 으레 "아무것도 안 했어요"라고 말한다. 과연 그런가 글로 써보게 했더니, 학원과 집을 오간 것 말고는 한 일이 없다고 쓴 글들 사이에서 한 장 빼곡하게 공들여 쓴 글이 눈에 띄었다. 읽어보니 그 여학생이 방학 때 아일랜드에 갔다가 거기서 만난 사람들과 친구가 되어 즐겁게 춤을 추며 놀았다는 내용이었다. 아일랜드 사람들은 자유롭고 솔직하며 편안해서 정말 좋았다고 했다. 공부는 잘하는 데 친구가 없는 그 학생의 마음을 해방시키고 낯설지만 금방 친구가 되어 밤늦도록 어울려 이야기도 하고 춤을 추게 한 그 나라는 어떤 곳일까, 궁금증이 일었다.

어린이어깨동무에서 아일랜드 평화연수에 참여하지 않겠느냐는 제안을 처음 했을 때 문득 그 여학생의 얼굴이 떠올랐다. 동시에 12세기 이래로 800년 가까이 영국의 지배에 시달리고 20세기에 북아일랜드와 아일랜드공화국으로 분단된 아일랜드는, 식민 지배를 경험하고 분단이 현재 진행형인 우리나라와 비슷한 점이 많아 시사하는 바가 크리라는 기대감이 들었다. 한참 촛불이 타올라 박근혜 정부의 국정농단에 대해 분노하며 탄핵을 요구하는 국민들의 열화와 같은 함성이 온 나라를 뒤흔들던 시기에 한 치 앞을 내다보기 어려운 국내 상황을 뒤로하고 아일랜드행을 결심했다. 민주주의의 다음 과제는 평화이기에 그 난해한 해법의 실마리를 찾아보고 싶었다.

아일랜드 평화연수는 어린이어깨동무의 이기범 이사장님과 최혜경 사무총장, 김윤선 사무국장과 이성숙 평화교육팀장을 비롯한 상근자들, 평화교육센터 정영철 소장과 이호규, 윤철기, 이종민 교수 부부, 그리고 고등학교 박종호, 초등학교 이영근 선생님과 중학교의 나까지 모두 열여섯 명이 팀이 되어 떠났다. 더블린 트리니티 대학에 연구교수로 가 있는 김동진 박사가 일정 내내 같이 다니며 친절하게 통역과 안내를 맡아줘서 신세를 아주 많이 졌다.

평화연수는 사전 모임을 갖고 2017년 2월 8일부터 16일까지 북아일랜드의 벨파스트, 밸리캐슬과 데리, 아일랜드공화국의 더블린과 위클로우를 방문하는 7박 9일의 일정을 확인하고, 아일랜드 평화과정에 관한 이우영 교수의 강의도 들었다. 다녀온 후에는 아일랜드 방문 후기를 소식지에 연재하고 사후 보고 모임을 가졌는데, 이 글은 그 보고서 내용 중 상당 부분을 인용하여 실었음을 밝힌다.

아일랜드의 슬픈 역사

아일랜드는 12세기 이래로 800년 가까운 긴 세월을 영국의 지배를 받으며 살아왔다. 아일랜드 사람들 스스로가 '이 세상에서 가장 슬픈 나라'라고 부를 만큼 시련과 수난의 세월을 산 셈이다. 특히 그들의 주식인 감자가 말라 죽는 병에 걸려 대기근에 시달렸던 1845년부터 7년간 아일랜드인 백만 명이 죽고 백만 명이 굶주림을 견딜 수 없어 다른 나라로 떠나가는 역사상 초유의 사태를 겪었다. 이 시기에 아일랜드 인구는 팔백만 명에서 육백만 명으로 줄었다. 당시 영국이 이 사태에 대해 아무런 도움도 주지 않고 방관했던 것에 대한 아일랜드인의 분노는 매우 컸다.

남북 아일랜드의 갈등은 17세기 영국의 아일랜드 이주정책으로부터 시작되었다. 가톨릭 국가인 아일랜드에 신교도들의 이주를 감행하여 많은 영국계 신교도들이 아일랜드에 정착했다. 이에 대한 아일랜드인의 치열하고 끝없는 독립 운동과 저항으로 1949년 아일랜드가 영연방에서 탈퇴하여 독립하자, 영국계 신교도들이 다수인 북아일랜드 지역은 영국령으로 남아 있게 되었다. 북아일랜드에서도 가톨릭 중심의 민족주의자들은 영국의 지배에 저항했으나 신교도들은 영국 소속으로 남기를 희망하여 갈등이 커졌다. 1968년 이래 가톨릭교도에 대한 영국의 차별에 항의하는 민권운동이 시작되었고, 1969년부터는 IRA(Irish Republican Army: 아일랜드 공화군)의 활동이 본격화되었다. 그러자 북아일랜드 신교도계 역시 UDA(Ulster Defence Association: 얼스터 민병대)를 조직해 IRA에 대항하면서 양쪽 간에 무장 충돌이 발생하게 되었다.

1972년 영국이 북아일랜드 자치권을 회수하자 아일랜드 사람들의 유혈 폭력 운동이 고조되었으며, '피의 일요일' 사건이라 불리는 유혈 사태가 발생했다. 영국 정부군이 시위대에 발포하여 그날 열세 명이 사망했고, 이후 양쪽의 테러로 29년간 약 3,200명에 이르는 사망자가 생겨났다.

영국과 아일랜드는 북아일랜드 사태의 평화적 해결을 추진했으나, IRA의 테러 등 분쟁 사태가 되풀이되었고, 1997년에 이르러 IRA가 휴전을 선언하고 신교도 과격파들도 이에 호응해 국면이 전환되기 시작했다. 1998년 4월 '성 금요일 협정Good Friday Agreement, GFA'으로 불리는 북아일랜드 평화협정을 체결하여 1972년 이래 영국이 갖고 있던 입법, 행정권을 북아일랜드가 회수하고 아일랜드와 북아일랜드 인사들로 구성된 국경위원회를 창설했다. 1968년부터 지속된 유혈 갈등을 끝내고 항구적 평화를 정착시키기 위해 북아일랜드의 다양한 정파들이 참여하는 민주적 자치정부를 구성하기로 했다.

북아일랜드를 영국연합 왕국으로 둘 것인가, 분리하여 아일랜드 공화국에 합병할 것인가, 제3의 길을 택할 것인가는 자치정부가 들어서고 난 다음 북아일랜드 주민들의 국민투표로 결정하기로 했다. 1998년 총선 결과, 성 금요일 협정을 주도하였던 얼스터연합당(UUP, 신교도 온건파)과 사회민주노동당(SDLP, 가톨릭교도 온건파)이 승리했다.

그러나 평화 정착 과정은 순탄치 않았다. 1999년에 구성하기로 되어 있던 북아일랜드 자치정부 협상이 결렬되고 양쪽은 다시 IRA의 무장해제 문제로 대립했다. 2002년 2월에는 IRA에서 떨어져 나온 '컨티뉴어티Continuity IRA'의 소행으로 추정되는 폭발 사건이 발생했다. 이후 2003년 총선 결과는 1998년과 반대로 두 진영 모두 강경파들이 승리했다. 이후 난항을 겪던 북아일랜드 문제는 2005년 IRA의 무장해제 선언으로 다시 해결의 실마리를 찾는 듯했으나 정치권의 불안한 동거 속에서 테러와 유혈사태가 간간이 발생했다.[이우영, 2017]

평화 프로세스를 밟는 북아일랜드

청소년 통합을 위한 R-City 프로젝트

우리의 첫 방문지는 북아일랜드 벨파스트의 알 시티R-City였다. R 은 Our, City는 Community Integration Through Youth의 줄임말로 청소년들을 위한 카페와 교육을 하는 공간이다. 이곳은 가톨릭교도와 신교도의 경계선이 있는 지역으로 독특한 지형상 양쪽이 유일하게 만나는 곳이다. 예전에 이곳에서는 빈번히 총격전이 벌어져 화염병과 폭탄이 날아다니기도 했다. 이 마을 가운데를 가로지르는 평화의 벽Peace Wall은 아이러니하게도 가톨릭교도와 신교도를 정치, 사회, 문화, 종교, 교육 등 모든 면에서 분리시키고 있다. 평화 프로세스가 작동된 이후에 이 담장은 더욱 높아지고 있으며, 담장을 없애려던 행정부가 최근에 무너진 상태이기 때문에 평화의 벽은 계속 남아 있다고 한다. 북아일랜드에서 가톨릭교도와 신교도의 비율은 4:6이며 영국령으로 남아 있기를 원하는 신교도들이 영국으로부터 독립하려는 가톨릭교도들보다 강력한 힘을 가지고 있어 오랜 갈등 끝에 영국령으로 남게 되었다.

청소년 카페R-City Coffee를 운영하는 알란과 토마스는 개신교와 가톨릭의 청소년 지도자로 만나 오랫동안 우정을 쌓으며 첨예한 갈등과 폭력이 빈발하는 이 지역에 청소년이 운영하는 카페를 만들었다. 지난 20년간 가장 폭력 사태가 자주 일어났던 곳이기 때문에 위험과 폭력이라는 이미지를 편안함, 안전, 휴식이라는 이미지로 바꾸어가기 위해 알란과 토마스는 공동 디렉터로 카페를 운영하고 있다. 이 지역은 모든 면에서 매우 취약한 환경이어서 경제적으로 가난하고, 교육 수준도 낮고, 보건 의료 상황도 좋지 않다. 이곳 청소년들에게는 기회가 별로 없고 가장 열악한 지역 열 곳 중 하나에 속한다.

양쪽 청소년들에게 만남의 장을 제공하고 있는 이 카페는 사회적 기업으로, 다른 사회적 기업 중 90%가 일 년을 넘기지 못하는 상황에서 벌써 14개월째 성공적으로 운영되고 있다고 한다. 알 시티 프로젝트는 양쪽 청소년들을 모아 3년 이상 남아프리카공화국을 방문해 봉사활동도 하고 청소년 교류 프로그램을 진행하고 있다. 이 과정에

알 시티 카페에서 활동가인 토마스와 알란의 이야기를 듣는 어깨동무 평화연수단

서 청소년들이 성장했으며, 알란과 토마스는 청소년들의 변화에 관심을 가지고 활동하고 있다.

알 시티 프로젝트R-City Project는 세 가지 목표를 가지고 있다고 한다.

첫째는 스킬과 리더십으로, 직업이 다양하지만 지도력이 어느 영역에서나 필요하기 때문에 각 영역에서 청소년들이 지도력을 발휘하게 하는 것을 목표로 한다. 3년 정도 같이 일하면서 지도력을 기르는 것이다. 둘째, 취업교육을 통해 온전한 사회인으로 성장할 수 있도록 돕는다. 일 년에 자격증을 다섯 개씩 딸 수 있도록 하며, 벨파스트 퀸스 대학Queens University Belfast과 협약을 맺어 자격증을 발급하고 있다.

셋째, 긍정적인 청소년positive youth이 되도록 한다. 기금이 늘어나면서 자원봉사 개념의 활동은 사라지고 있다. 그래서 이를 넘어서서 긍정적인 이미지를 가진 청소년으로 성장시켜 자신의 공동체로 돌아갔을 때 달라진 모습으로 살아갈 수 있도록 한다. 평화 프로세스가 작동되고 있지만 갱 집단이 공동체 안에 존재하는 것이 현실이므로 청소년에게 대안적인 커뮤니티를 제공할 필요성이 있다.

토마스는 과격분자의 암살 리스트에 올라 있고 아버지는 IRA(아일랜드 공화군) 출신이다. 알란은 아버지가 UDA(얼스터 민병대) 출신이지만 열여섯 살까지 아버지가 무장대원인 줄 몰랐다. 자기도 무장대원인 스티비를 우상으로 삼아 시-커뮤니티C-Community에 들어가려다가 아버지에게 개 패듯이 맞았다고 한다. 아버지 자신은 무장대원으

UDA(얼스터 민병대) 무장대원이었던 스티비를 기리는 신교도 지역 마을의 벽화

알 시티의 활동가 토마스가 기념비 앞에서 설명하고 있다.

로 살았지만 아들에게까지 물려주고 싶지 않았던 것이다.

두 사람의 안내로 마을을 둘러보았다. 알 시티가 있는 홀리 크로스 가톨릭 리트리트Holy Cross Catholic Retreat를 경계로 가톨릭교도가 모여 사는 아르도인 지역과 신교도가 모여 사는 샨킬 지역이 구분된다. 아직도 두 지역 사람들은 서로 왕래하지 않고, 가끔씩 사고가 일어나고 있다. 해마다 7월 12일에 신교도가 오렌지 퍼레이드를 벌일 때면 긴장이 감돈다. 저 언덕 위에서 시작한 행렬이 이곳에 오면 가톨릭 지역으로 들어가고 싶어 하는데, 가톨릭 지역에서 이를 좋아할 리가 없었다. 그래서 행정부가 퍼레이드 행렬이 들어가지 못하게 막지만 신교도들은 그에 대한 항의로 시위를 벌이고 이 경계 지역에는 해마다 물대포와 화염병이 나온다.

마을 곳곳에 지난 세월 서로에 대한 폭력과 공격을 가했던 흔적이 기념비와 벽화로 남아 있다. 집 옆면에 그려진 거대한 벽화들은 영웅으로, 역사로만이 아니라 지금도 완전히 끝나지 않은 마을의 슬픈 이야기를 담고 있다. 평화의 벽으로 서로 나뉘어 만나지도 않고 오가지도 않는 이 지역에 앞으로 평화가 어떻게 이어지고 정착될 수 있을지, 안타까운 마음이 들었다.

구교도 희생자를 기리고 있는 마을의 벽화

신교도 희생자를 기리고 있는 마을의 벽화

평화의 벽(Peace Wall)

    토마스와 알란은 계속 우정을 쌓으며 가족들이 같이 휴가도 떠나고 크리스마스도 함께 보낸다. 청소년들에게 신교도와 가톨릭교도가 이렇게 친구가 될 수 있다는 것을 보여주고 싶어서 그렇게 한다고 한다. 일상을 나누며 함께 일하는 두 사람은 이 지역 사람들이 서로 어울려 살고 특히 젊은이들이 과거의 대립과 갈등으로부터 자유롭기를 소망하고 있었다. 어른들은 자신의 과거에 사로잡히고 벗어나기가 힘들지만 젊은이들은 그렇지 않기 때문에 그들은 젊은이들에게 희망을 걸고 있었다. 마을을 돌아다니는 동안 내내 마음이 무거웠지만 그런 속에서도 이렇게 훌륭한 사람들이 있다니 감탄스러웠다.

저녁에 우리가 머무는 유로파 호텔 근처 식당에서 첫날 저녁을 축하하며 다 같이 축배를 들었다. 그 유명한 아일랜드산 기네스 맥주를 맛보고 호텔로 돌아온 우리는 호텔 카운터 옆에 1995년 미국의 클린턴 대통령이 방문했다는 표시와 함께 예전에 포탄을 맞아 움푹 팬 흔적이 그대로 남아 있는 모습에 벨파스트의 현실을 다시금 느꼈다.

다음 날 아침, 푹 자고 일어나 김윤선 어린이어깨동무 사무국장과 산책을 나갔다. 8시 40분인데 등교하는 고등학생, 직장인들의 발걸음이 이어지고 오페라 하우스, 길 건너 시의회, 유서 깊은 왕립학교가 나왔다. 벨파스트 왕립학교Royal Belfast Academic Institute 학생들은 9시가 등교 시간인지 여유 있게, 그러나 우리나라 학생들과 마찬가지로 밝은 표정은 아닌 채 학교로 들어서고 있었다. 좀 더 걸어가니 MET 평생교육원이 있었다. 지하철인 줄 알고 들어갔는데 안에 있는 여성이 친절하게 학교에 대해 자세히 알려주었다. 16세에서 90세까지 다양한 사람들이 다양한 내용을 배울 수 있다고 하면서 기관지와 안내 책자도 주었다. 여러 나라와 민족이 함께 분리되지 않고 나란히 교육받는 곳이라고 자부심 가득한 표정으로 설명해주었다. 나도 언젠가 은퇴하면 이곳에서 세계 각지에서 온 사람들과 배우고 싶은 것을 마음껏 배우며 지내볼까 하는 즐거운 상상도 잠깐 해보았다.

평화의 중간지대 코리밀라Corrymeela

벨파스트에서 버스로 달리다 보니 조용한 초록 들판이 계속 이어지고 양들이 세상에 다시없이 한가로이 풀을 뜯고 있는데, 풀밭 가장자리에 키 작은 나무를 심어 경계를 표시해놓은 집들이 나란히 서있었다. 날씨가 좋아 푸른 하늘과 흰 구름이 따뜻한 햇살과 함께 아일랜드의 시인과 작가들이 그토록 그리워했을 '사소한' 풍경을 끝없이 보여주었다. 한 시간 반을 달려 풍광이 아름답기로 유명한 밸리캐슬에 다다르자 그곳에 코리밀라가 있었다.

평화교육센터와 공동체가 있는 코리밀라는 우리가 들어선 방에서도 바로 바다가 내려다보이는 조용한 바닷가에 자리 잡고 있었다. '안녕하세요?'라고 우리말로 인사하는 사람들에게 덩달아 인사하며 건물 안으로 들어갔다. 생각지도 않게 그곳에서 석 달째 자원봉사를 하고 있는 젊은 한국 여성을 만나 반가웠다. 해마다 전 세계에서 이곳에 자원봉사를 하러 오는데 그 경쟁이 상당히 치열하고 방문객도 6만 명이 넘는다고 한다. 바다를 바라보며 코리밀라 주변을 거니는 것만으로도 치유가 될 것 같은 조용하고 평화로운 이곳에 이내 마음이 끌렸다. 페치카가 타오르는 거실 유리 너머로 펼쳐진 바다에서 눈을 떼기가 어려웠다.

코리밀라의 대표 콜린 크레이그Colin Craig가 우리를 환영하며 코리밀라의 역사와 철학을 이야기해주었다. 평화교육센터와 공동체가 있는 그곳은 신교도 목사 레이 데이비Ray Davey가 1965년에 만들었다. 그는 2차 세계대전 당시 포로 대상 목회활동을 하려고 YMCA 소속 장로교 목사 신분으로 전쟁에 참여했다. 그 과정에서 레이는 전쟁포

코리밀라가 위치하고 있는 밸리캐슬 바다 전경

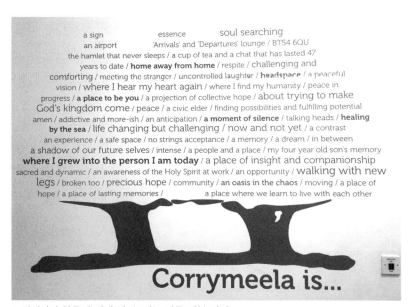

코리밀라의 활동에 대해 알 수 있는 건물 내부 벽화

로 수용소에서 다양한 사람들을 만날 수 있었는데 그가 일한 곳은 독일 드레스덴에서 11킬로미터 떨어진 수용소였다. 전략적 요충지가 아니어서 폭격을 할 이유가 없었는데도 단지 상대방에게 충격을 주겠다는 목적으로 폭격을 하여 피해를 입는 일이 벌어지곤 했다. 아이러니하게도 레이는 이 수용소에서 공동체성을 발견하게 되었다고 한다.

전쟁터에서 돌아온 레이는 벨파스트 퀸스 대학에서 교목으로 활동하였다. 이후 레이가 코리밀라 활동을 시작한 1960년대는 전 세계적으로 새로운 운동을 지향하는 움직임이 생겨나던 시기였다. 그 속에서 '시민권 운동'도 동력을 얻어갔으며, 이런 상황에 영향을 받아 레이는 대학생들과 함께 '열린 공동체'에 대한 고민을 하게 되었다. 그들은 버려진 것이나 다름없던 '코리밀라' 유스호스텔을 사들여 거기서 커뮤니티 활동을 시작했다. 이때는 아직 분쟁이 격화되기 이전의 시기로 단지 '열린 공동체'를 만들자는 생각에서 가진 것 없이 맨땅에 헤딩하는 식으로 천천히 시작했다.

이후 가톨릭의 시민권 운동이 활발해지자 신교도는 위기를 느꼈고 그러면서 점점 대립과 갈등이 격화되어 갔다. 코리밀라는 당시 유일하게 '평화선Peace Line'에 놓여 있었다. 가톨릭과 신교도 지역 모두에 들어갈 수 있는 유일한 기관이었으므로 혼란의 시기였던 그때에 피난처 역할을 할 수 있었다. 코리밀라는 1970년대에 들어서자 피난처가 되기 위해 활동 내용과 건물을 재정비했고, 혼란의 시기에 촛불 같은 역할을 하는 그들에게 많은 사람들이 후원을 했다고 한다. 1980

어린이어깨동무 평화연수단을 맞이하여 대화를 나누는 콜린 크레이그

년대가 되어 가족, 학교, 청소년 클럽, 교회 등에서 평화 만들기Peace Building 활동을 열심히 진행했다. 확실한 피아로 구분하는 것을 흔들어서 흐트러지게 하는 것은 그 자체로 매우 어려운 일이었고, 배신자 취급을 받는 일도 흔했다고 한다.

코리밀라의 평화 만들기Peace Building 활동은 '접촉'에 대한 가정을 전제로 한 활동이다. 분열된 사회에서는 '접촉'이 늘어나는 것만으로도 긍정적인 작용을 할 것이라는 가정에서 출발한다. 물론 '접촉' 자체가 충분조건은 아니다. 사실 두 개의 커뮤니티에서 온 사람들이 만나고 난 뒤에 돌아가서 어떻게 할지가 더 큰 도전 과제였다. 가장 큰

코리밀라 방문 기념사진

문제는 만난다는 것을 배신자로 바라보지 않을까 하는 우려였다. 착한 사람과 나쁜 사람의 경계를 확실하게 해서 이것으로 돈 벌고 권력을 갖는 사람들이 있는 구조가 문제라는 것이다.

하지만 이어지는 폭력의 악순환에 지친 사람들이 늘어가면서 공동체를 위해 폭력을 멈추는 것이 중요하고 무장단체들도 이대로는 안 된다는 고민을 나누게 되었다. 당시 양쪽 무장단체들의 상태는 '호랑이 꼬리를 잡았는데, 놓는 방법을 모르는 상황'이라고 할 수 있었다. 코리밀라 공동체의 중재로 1994년에 시작한 아일랜드 평화협상은 1997년 합의에 이르렀다.

1997년의 합의는 폭력의 악순환을 끊기는 하였지만 한계도 있었다. "너는 너희 쪽, 우리는 우리 쪽에 살자. 서로 죽이지 말자. 최소한으로 공존하자"에서 멈추었던 것이다. 신교도 지역과 가톨릭교도가 사는 지역을 나누고 벽을 세우거나 다리를 놓는 식이었다. 코리밀라는 이 협상에서 중간지대였다. 중간지대는 회색처럼 위험한 곳이다. 코리밀라는 대단히 어렵지만 중요한 공간으로 남고자 했다. 평화활동가들은 겉으로 보기에는 말랑해 보이지만 실은 더 강한 일을 하고 있다는 콜린의 말에 고개가 끄덕거려졌다.

이 과정에서 코리밀라는 더 많은 사람들에게 알려지고 전 세계에서 찾아오는 사람들이 늘어났다. 코리밀라에서는 국제연대를 중요시하여 평화교육 현장과 연결하여 지원하고 협력하는 일을 하고 있다. 아일랜드를 넘어 세계 평화를 위한 연대에 나선 까닭은 평화가 온 인류에게 필요한 가치라는 믿음 때문이다. 코리밀라는 3년 전부터 전 세계 평화를 위한 새로운 틀을 짜기 위해 전략적으로 고민하고 있다. 세계에 평화기관은 꼭 필요하고 안전하다고 느낄 수 있는 '항구'와 같은 역할을 하고자 한다. 거친 파도와 바람을 이기고 다시 바다로 배가 나갈 수 있도록 회복하는 공간이 코리밀라라는 것이다.

콜린 크레이그는 코리밀라의 목표를 네 가지로 설명하였다.

첫째는 화해이다. 여기서 화해는 명사가 아니라 동사로서 복합적 분열을 화해시킨다는 뜻이다. 함께 활동을 하다 보면 학생들은 달라진다. 이때 이러한 변화에 유연하게 접근해야 한다. 사회는 복잡하고 변화가 일어나고 있다. 성, 환경 등의 문제에서 어떻게 화해하고 통합할지에 대해 고민해야 하고 이 고민을 행동으로 실천해야 한다.

둘째는 환대이다. 환대, 포용, 친절은 희망을 지켜내는 것이다. 희망이 있어야 전진할 수 있기 때문이다. 여기서 환대는 의도적 환대, 진보적 환대이다.

셋째, 전환적 차원의 지도력을 발휘하는 역량을 키우는 것이다. 다음 세대에게 소중한 가치를 물려주고 전수하는 것이 중요하기 때문이다.

넷째는 상호 의존하면서 잘 사는 것well-being이다. 우리가 어떻게 함께 살아야 할 것인가 하는 문제는 한 사람이 해결할 수 있는 문제가 아니다. 힘들지만 다른 사람과 함께해야 하는 문제이다.

콜린 크레이그는 콜럼버스 일기를 인용하며 말을 마쳤다.

"만약에 땅이 보이지 않으면 계속해서 항해하라."

대화를 강조하는 것이 양쪽의 의견을 모두 받아들이는 것을 의미하는가라는 질문에 콜린 크레이그는 대화하는 사람이 모든 것에 열려 있을 수는 없지만 상대를 인정할 수 있어야 한다고 답했다. 대화에서 관용을 베푸는 것과 참아주는 것은 다르다. 참아주고 봐주는 것은 우위에 서서 하는 행동으로 상대를 무시하는 태도이다. 얼마 전에 분쟁 경험이 있는 16개국 사람들이 모인 세미나에서 대화법에 관한 고민을 나눴다고 한다. 그들은 서로를 이해하지 못해서 싸우는 것이 아니며 단지 서로 하고 싶은 것이 다른 것뿐이다. 서로 이해를 잘

자이언츠 코즈웨이의 주상절리

하면 평화가 이루어진다는 것은 순진한 생각이고, 때로는 싸우고 문제제기하는 것이 필요하다. 그래서 세미나 주제를 '이해를 위한 대화'에서 '평화를 위한 변화를 위한 대화'로 바꾸었다고 한다.

코리밀라가 편안한 항구로서 역할을 한다는 것은 우리 스스로도 변화하는 것이 중요하다는 뜻을 담고 있다. 중요한 것은 실수를 두려워하지 않는 것이며, 실수를 인정하는 것이다. 완벽한 교안을 가지고 가르치는 것이 중요한 것이 아니라, 탐험가 정신이 중요하다. 험악한 고생이라도 거센 파도를 건너야 잔잔한 파도를 만날 수 있다. 그럴 때 배움으로 성숙해지고 용기가 생긴다.

우리는 코리밀라를 떠나 밸리캐슬에서 한 시간 거리에 있는 앤트림 고원가의 자이언츠 코즈웨이Giant's Causeway에 갔다. 유네스코 문화유산으로 지정되어 있는 자이언츠 코즈웨이는 주상절리가 유명한데 풍경도 아름답지만 과학적으로도 가치가 높다고 한다. 우리는 걸어서 바다를 끼고 내려가 파도가 하얗게 부서지는 현무암 절벽을 감상하고 해안 길을 따라 걸었다. 벨파스트에서 수백 년간 일어났던 대립과 갈등의 역사가 주상절리 바위 위로 부서지며 쏟아지는 파도 속으로 휘감겨 돌다가 흩어져 사라지는 듯했다.

살상의 현장 데리와 평화단체 정션Junction

데리Derry는 1972년 1월 31일 '피의 일요일'의 현장인 도시이다. 곳곳에 당시를 보여주는 벽화와 살상의 현장이 기록되고 보존되어 있었다. 시민권을 요구하며 평화 시위를 하는 시민들을 향해 영국군은 가차 없이 대포를 쏘았고 그날 열세 명이 그 자리에서 숨졌다. 동생에게 줄 우유를 사러 나왔다가 시위대 사이에 끼게 되어 숨진 소녀, 평화의 상징 비둘기를 그린 벽화, 열한 살 소년의 죽음 등을 표현한 상징물과 벽화들을 살펴보며 비장한 기분으로 데리 거리를 걸었다. 그날의 생생한 사진과 안내판이 여기저기 설치되어 있었다. 요즘 다시 긴장이 감돌면서 누군가 "You are now entering Free Derry"라는 환영 인사가 적힌 벽화를 'now' 대신 'not'이라고 바꾸어놓은 흔적을

아래 있는 마을을 내려다보며 포를 쏠 수 있도록 만들어놓은 영국군의 기지

데리의 상징이 된 벽화 「You are now entering Free Derry」.
브렉시트 결정 이후 「You are not entering Free Derry」라고 바뀌어 있는 것을
확인할 수 있다.

발견할 수 있었다. 마을이 아래에 있고 언덕 위에 포대를 쌓고 높게 담을 만들어 시민들을 내려다보며 총을 쏠 수 있는 구멍이 줄지어선 영국군의 기지가 당시의 긴박감과 무자비함을 증언하고 있었다. 지나다 보니 신교도의 자녀들이 다니는 학교에서 울타리 너머로 아이들이 웃음을 터뜨리며 운동을 하고 있었다. 철저히 신교도와 가톨릭 사람들이 분리되어 있고 서로 다른 해석을 하는 역사를 배우는 이곳에서 이들은 서로 만나는 일이 거의 없었다.

우리는 평화단체 정션Junction에 가서 평화 활동가 존스턴 맥마스터를 만났다. 대학원 교육뿐 아니라 북아일랜드 지역의 교육 사업을

동생에게 줄 우유를 사러 나왔다가 시위대 사이에 끼게 되어 숨진 소녀를 추모하는 벽화

총괄하기도 했다는 맥마스터는 화이트보드에 '평화 한 조각 나누기 Sharing a piece of Peace'라고 썼다. 현재까지 자신들은 부분적인 평화를 이루었다는 뜻이었다. 그는 역사를 어떻게 바라보아야 하는가에 대한 고민에서 역사교육 프로젝트를 시작했다고 한다. 그 핵심은 각 집단별로 다른 역사에 대한 해석을 어떻게 들어줄 것인가라고 한다. 사람들마다 관점이 각기 다른데 그 내러티브가 변화할 수 있다는 유연함을 확산시키는 일도 병행하고 있었다. 내러티브의 다양성을 인정해야 하고 누구도 이것만 사실이라고 이야기할 수는 없다는 것이다. 그래서 서로를 인정하고 존중하는 것이 필요하다고 했다.

정션에 방문하여 데리에서의 평화활동에 대한 이야기를 나누고 있는 어깨동무 평화연수단

역사교육 프로젝트를 진행하면서 이들은 세 가지 주요한 주제를 발견했다. 첫 번째는 과거의 폭력, 특히 폭력적이었던 5년의 역사를 어떻게 서술할 것인가, 두 번째는 이런 과거를 보았을 때 민주적인 교육은 무엇인가, 민주주의는 무엇이며 우리가 어떻게 발전시킬 것인가, 세 번째는 공동선에 관한 것으로 과거보다는 미래를 지향하며, 정당정치가 이렇게 분열된 사회에서 우리가 어떻게 공동선을 추구할 것인가이다.

맥마스터는 지난 1969년 시민권 운동으로부터 시작된 폭력 사태를 진정시키기 위해 굉장히 많은 노력을 한 결과 두 가지 성과가 있었다고 했다. 당시 영국 총독부를 관할하던 영국이 이제 아일랜드에 지정학적 이해관계가 없다고 한 것으로 이는 영국이 8세기 동안 지정학적 이해 때문에 지배했다는 기존의 생각을 뒤집는 것이었다. 그러자 지역의 유명한 정치인이 '전체적인 관계'를 보아야 한다고 지적했다. 그제야 비로소 북아일랜드 내부 사람들의 입장이 중요해져서 아일랜드에 속하기를 원하는 사람과 영국에 속하기를 원하는 사람들 각각의 생각과 입장이 중요하게 다루어졌다. 두 번째 성과는 남북 관계와 동서관계 중 하나에만 초점을 맞추는 것이 아니라 모든 것을 전체적으로 볼 수 있는 눈이 생겼다는 것이다.

1998년에 비로소 벨파스트 협정이 체결되었는데 이는 평화협정이 아니라 평화협정으로 가는 틀을 만드는 협정이라고 그는 규정하였다. 협정의 주요 내용은 연정에 대한 것이 첫 번째로 어떻게 권력을 공유할 것인가였다. 두 번째는 남북 관계를 위해 남북 간 장관급 회의를 할 수 있는 기구를 만들었다는 것이다. 세 번째는 동서관계를 이야기하면서 그 사이에 끼어 있는 섬들까지 함께 회의하는 것인데, 이에 대해 남북 사람들 대부분이 찬성표를 던졌다.

그러나 최근에 북아일랜드는 그가 보기에 세 가지 상황으로 인해 불투명한 미래를 향해 가고 있다. 브렉시트로 인해 북아일랜드와 스코틀랜드는 압도적으로 EU에 남기를 원했지만 잉글랜드의 결정 때문에 딸려갈 수밖에 없게 되었다. 또 미국 대통령 선거 결과로 민족주의, 국가 중심주의, 인종주의 등의 득세가 우려되고 북아일랜드 행정부가 해산된 사건의 추이가 불안하다. 2017년 3월에 선거가 끝나고 행정부가 구성되어야 하는데, 그러지 못하면 예산 집행이 되지 않아 영국의 공무원이 세금의 집행을 대행하게 된다고 한다. 그러면 예산의 75%만 활용할 수 있게 되어 결국 복지 예산 등이 사라지고 자칫 평화 프로세스가 깨질 수도 있는 것이다.

정션에서 만난 또 다른 사람은 또래중조를 도입하고 각종 분쟁지역에서 활동하는 원로 시머스 파렐Seamus Farrel이다. 시머스는 분쟁이 격화되던 시기에 공교육에서 맡았던 프로젝트 이야기를 했다. 그곳의 교육현장은 매우 분리되어 있어 가톨릭과 신교도 친구들은 각각 자기 지역의 학교를 다니기 때문에 서로 만날 일이 없고 대학에 가서도 마찬가지다. 그렇기 때문에 평화 프로세스를 만들면서 교육현장에 관심을 가질 수밖에 없었다고 한다. 그 당시 학교 교육과정에 도입된 것은 상호이해 교육이었는데 상당히 창의적이고 용기가 필요한 내용이 그 안에 있었고 굉장한 투자와 노력이 있었다. 주로 중립지역에서 학교에 있는 시간에 다른 지역의 친구들을 만날 수 있게 했는데, 나중에 다시는 만나지 않을 수 있으므로 거기에는 한계가 있었다. 한 번의 만남으로 끝나는 것이 아니라 계속 만날 수 있게 만들지 않으면 집단에 대한 서로의 태도 변화에 영향을 미치지 못했다. 교사들의 교류도 서로 만나기는 했지만 의미 있는 대화를 나누지는 못했다고 한다. 특히 정치적인 문제에 대해서는 더욱 그러했다. 다음 날이 되면 무관심, 편견, 공포가 가득한 학교와 가정생활로 돌아가는 것이어서 효과에 한계가 있었다.

시머스는 '정의로운 평화just peace'를 강조했는데, 이것은 1992년 정의로운 전쟁과 평화주의의 딜레마를 해결하기 위해 등장한 개념이라고 한다. 그는 당시 얼스터대학 교육학과와 함께 프로젝트를 진행하여 관계 맺기를 어떻게 교육할 것인가를 고민했다. 그래서 노르웨이와 뉴질랜드에서 발달해 있는 또래중조Peer Mediation를 공부하기 시작해 그것을 통해 북아일랜드 청소년과 어린이들이 자신이 가진 문제를 어떻게 평화롭게 해결할 것인가에 자신감을 갖도록 도움을 주고자 했다. 열 살부터 열두 살 아이들의 파일럿 프로그램으로 출발해 청소년들이 스스로 자기들의 문제를 해결하고 갈등을 해결하도록 하고 있었다. 친구관계, 따돌림, 함께 살며 생기는 갈등과 같은 청소년과 어린이들의 문제를 해결하고자 한 것이다. 이것은 세계적인 문제이며 그는 또래중조가 더 낮은 연령부터 시작되어 더 높은 연령으로 확대되어 가기를 바라고 있었다. 중조에서 중요한 것은 법률적 중재와 달리 당사자들이 스스로 의지를 가지고 해결하겠다고 하는 것이다. 중조자의 역할은 해결하는 것이 아니라, 서로 함께 해결할 수 있도록 도와주는 것이다. 이 과정을 통해 중조자는 존경받게 된다. 중조자는 판단하면 안 되고, 상대를 충분히 경청해주어야 한다. 한국에서도 최근에는 교과서 단원 중 갈등 해결을 위한 내용에 또래중조가 소개되고 비폭력 대화법이 나와 있는 교과서가 있다. 아직 미미하지만 초등학교와 중고등학교에서 또래중조 동아리가 활동하고 있는 학교들도 있다.

시머스는 이 프로젝트를 진행하면서 서로를 존중하고 판단하지 않는 것이 가지는 가치, 자기 문제에 대해 자기가 책임진다는 책임의식을 갖게 하는 것이 의미가 있다고 했다. 자신의 문제를 지지받는 것도 중요한 경험이다. 시머스와 함께하는 사람들이 변화시킨 것은 학생들의 가치관뿐만 아니라 점점 학교현장의 가치를 변화시킬 수 있겠구나 하는 생각을 하게 만들었다. 그들은 이러한 가치들을 청소년에게 교육할 때 학교가 그런 환경을 조성해주어야 한다는 것을 강조한다. 아무리 프로그램이 좋고 학교에서 그것을 활용한다고 해도 돌출행동을 하는 아이들을 차별하는 학교 분위기이면 아무 소용이 없다는 것이다. 그래서 "이 프로젝트는 교실이 아니라 교무실에서 진행하는 것입니다"라고 강조했다고 한다. 또 학년 전체와 학교 전체가 달라지기 위해 교사 프로그램도 함께 진행하였다.

문득 이야기를 들으며 우리나라의 혁신학교에서 협력적 학교문화를 중시해 교실에서 배우는 것이 교실에 머무르지 않고 학교 전반의 문화 속에 녹아 있고 일관되게 하는 것과 비슷하다는 생각이 들었다.

시머스는 교칙을 학생들에게 따르라고 강요하는 것이 아니라 학생들 스스로 규칙을 만들어 주인의식을 가지고 지키며, 학생, 교사, 그 밖의 사람들도 함께 서명하여 지키도록 했다고 한다. 이 프로젝트의 기본은 학생들이 스스로 자신의 문제를 해결하는 것이다. 여기서도 한국 혁신학교에서 학생들이 교칙이나 규정을 생활공동체협약이라는 이름으로 오랜 토론을 거쳐 스스로 만들고, 교사와 학부모 역시 지켜야 할 협약을 스스로 정해서 지키는 학교문화의 변화를 연상하게 한다.

또한 이들은 상호관계에 관한 놀이를 많이 고안하여 서로 즐겁게 놀면서 서로 경청하고 협력하도록 했다. 학생들에게 들은 이야기를 기반으로 역할놀이를 하여 학생들이 중조자 역할도 맡아보고 당사자 역할도 해보도록 했다. 이 훈련이 끝나면 원하는 학생들에게 중조자가 될 수 있는 기회를 주고, 스스로 중조자가 되어 문제를 해결할 수 있도록 했다. 중조자는 돌아가며 하고 중조자가 되기를 원하는 사람 중에 인터뷰를 통해 중조자를 결정했는데, 패널을 구성하여 위원회에서 결정하도록 했다. 학생들에게 문제가 생겼을 때 교사에게 말할 수도 있지만 중조신청을 하면 또래중조를 받을 수 있다.

최근에는 나이에 맞는 프로그램을 개발하여 18세까지 진행하는데, 이것은 10대에 경험하는 다양한 문제를 해결하고 갈등 조정, 이해 능력literacy을 길러준다. 학교에서 정학이나 퇴학을 당하는 학생들에게 징벌적 정의가 아니라 학교에서부터 회복적 정의가 필요하다고 본다. 회복적 정의 프로그램은 특히 분쟁 지역에서 효과가 크지만 어디서라도 의미가 있으며 더 낮은 나이부터 더 높은 나이까지 확대될 필요가 있다는 것이다.

점심을 함께 먹으며 이야기를 나눈 뒤 우리는 버스를 달려 표지판만 있는 국경에 잠시 들렀다가 아무렇지도 않은 국경을 넘어 아일랜드로 갔다가 다시 벨파스트로 돌아왔다. 지난 사흘간 너무나 많은 진지한 이야기와 불안한 평화, 지난한 평화의 길, 그것을 만드는 사람들의 휴머니즘 넘치는 모습이 서로 교차되며 마음이 무거웠다. 그럼에도 참으로 아름답고 진실한 노력을 하는 사람들과 평화를 위한 행진이 마음을 서서히 정화시켜주는 것을 느꼈다.

타이타닉 박물관과 리넨 홀 도서관

벨파스트의 해안가에는 뜻밖에도 타이타닉호를 제작한 기념관이 있었다. 입장료가 18파운드인 꽤 비싼 기념관은 타이타닉을 만들 당시 벨파스트 사람들의 삶과 기록 영상, 배의 건조 과정에서 설계사들이 스무 명가량 모여 작업하는 광경, 노동자들이 타임 클락에 의해 시간 통제를 받으며 지독한 소음 속에서 쇳가루를 마시면서 일하는 장면을 너무나 생생하게 재현하고 있었다. 그곳을 천천히 움직이는 리프트를 타고 돌아다니며 실감나게 체험했는데, 화려한 배의 곳곳에 희생자들의 유품과 내력, 배에 실은 어마어마한 양의 물건들, 빙산에 부딪힐 때까지 항로와 대응을 어떻게 했는지 상세한 자료를 영상 등을 통해 입체적으로 보여주었다. 타이타닉 침몰 100주년을 맞아 이렇게 자세하게 기록하고 보존한 박물관이 놀라울 뿐이었다. 우리 세월호도 앞으로 이와 같은 기념관으로 정리되고 보존될 수 있을까. 100곡에 이르는 노래와 음악으로 불린 타이타닉처럼 많은 사람들이 부르고 기념하는 모두의 음악이 될 수 있을까?

열두 시에 시내 한복판에 있는 시장St George Market에 가서 붐비는 사람들 틈을 비집고 사람들이 팔려고 가지고 나온 물건과 직접 만드는 모습을 구경하고 다녔다. 커다란 굴을 즉석에서 하나씩 초고추장 비슷한 소스를 뿌려 먹고 이층 음식점에 앉아 와인과 에일을 마시며 아래층에서 사온 음식을 먹었다. 아일랜드는 웬만한 술집에 음악을 연주하는 사람들이 있었는데 여기 시장에도 대중가요를 흥겹게 연주하며 노래를 부르는 그룹이 있었다. 노래를 즐기며 북적이는 시장을 내려다보면서 우리는 편안하게 담소를 나누고 휴식을 취했다.

오후에 우리는 리넨 홀 도서관으로 갔다. 오래된 도서관에 들어서서 마룻바닥이 삐걱거리는 계단을 밟으며 지난 수십 년간 아일랜드 분쟁 때 내건 포스터들을 붙여놓은 벽을 보면서 위로 올라갔다. 양장본으로 된 손때 묻은 책들이 헐렁하게 꽂혀 있고 뒤쪽 창가에는 앉아서 읽을 수 있는 의자와 책상이 둘러 있었다. 공공 도서관이 여기저기 우리나라에도 많다면 사람들이 등산만 가지는 않을 거라는 이호규 선생님의 말에 공감하면서 4층에 아일랜드 자료가 많이 소장되어 연구자들이 애용한다는 곳을 둘러보았다. 현대사 코너도 두어 번 살살이 살펴보았는데, 아시아 다른 나라 책들은 있어도 한국 관련 책은 한 권도 없었다. 아일랜드와 마찬가지로 우리 역시 분단과 전쟁을 경험한 나라여서 한두 권 있을 법도 한데 아무리 찾아도 발견할 수 없어서 안타까웠다.

평화와 번영을 누리는 아일랜드공화국의 오늘

문화예술의 향기 가득한 더블린

벨파스트에서 아일랜드공화국의 더블린으로 넘어가니 북아일랜드와 확실히 다른 여유와 풍요로움, 활기가 느껴진다. 앞쪽에서는 잘 보이지 않지만 뒷마당이 있는 타운하우스 비슷한 집들이 죽 이어져 있다. 호텔에 짐을 풀고 일행과 함께 더블린 작가 박물관Dublin Writers Museum에 갔다. 더블린은 부슬비가 내리고 바람이 불어 아일랜드 날씨라고 듣던 으스스한 잿빛 도시의 풍경 그대로였다. 비바람이 부는 거리를 걸어 작가 박물관에 도착한 다음, 나무 계단을 올라가 아일랜드 작가들에 대한 소개가 담긴 안내판과 유품 등을 보며 천천히 돌았다. 오스카 와일드의 패기만만함, 제임스 조이스의 생각 깊은 눈, 예이츠의 예지력 있는 신비함, 예이츠가 연거푸 청혼했으나 거절한 메리 고든, 조지 버나드 쇼, 사무엘 베케트, 조나단 스위프트, 그 밖에 잘 모르는 많은 작가들이 있었다. 오래된 의자에 잠시 앉아보기도 하고, 제임스 조이스의 피아노 곁에서 한참 머무르기도 했다. 조소로 된 작가상 앞에서 기념사진을 찍고 기념품 가게에서 엽서와 예이츠를 기념하는 마그네틱을 샀다.

노벨 문학상 수상 작가를 네 명이나 배출한 아일랜드는 영문학사에 빛나는 주요 작가들의 고향이었다. 더블린 곳곳에 작가들의 동상이나 기념관이 있었다. 문득 우리나라에 변변한 작가 박물관 하나 없다는 생각이 떠올랐다. 한국 문학관을 설립하기로 법은 통과되었지만 부지 확보와 구체적인 설계는 아직 진행되지 않고 있다.

더블린 시내에서 한참 가면 제임스 조이스의 타워가 있었다.『율리시즈』를 집필했다고 하는 하얀 타워 바로 앞에 파도가 세차게 부서지며 끊임없이 달려오는 바다가 있었다. 기존의 것들을 부숴버리며 조롱하듯, 삼킬 듯 달려오는 바다를 바라보며 제임스 조이스는 무슨 생각을 했을까. 아일랜드가 자랑하는 작가의 흔적을 따라 그 어머니의 생가, 기념관 등 투어 코스가 있다고 한다. 우리는 작가들을 어떻게 대접하고 있는가.

근처 바닷가에 있는 공공도서관에 들렀는데 도서관이 바다를 바라보는 전망에 규모가 아주 컸다. 그런데 가장 바다가 잘 보이는 아름다운 곳에 어린이들의 서가를 두어 아이들이 부모와 함께 책을 보고 있었다. 공공도서관이 멋지기도 했지만 어린이들에 대한 배려가 부러웠다. 이영근 선생님은 어느새 아일랜드 아이와 함께 책을 같이 보며 장난기 어린 얼굴로 이야기를 나누고 있었다. 그 아이 어머니가 웃는 얼굴로 지켜보고 있길래 동의를 구하고 사진을 살짝 찍었다. 행복한 지역 도서관에서 나도 한껏 몸과 마음을 편안하게 한 채 소파에 앉아 책을 보았다. 그곳 신간 코너에서 우리나라 작가 한강의 소설책 한 권이 놓여 있는 것을 발견해 무척 반가웠다.

2006년 한국에 처음 개봉된 영화 〈원스Once〉를 보면 아일랜드와 더블린이 나온다. 당시에는 버스킹이라는 말조차 생소했지만, 주인공들이 자연스럽게 거리에서 노래를 부르는 모습과 주옥같은 음악이 흐르는 더블린의 풍경은 가슴 깊은 인상을 남겼다. 우리는 〈원스〉의 배경이 된 더블린 시내의 바 스트리트Bar Street에 있는 '템플 바Temple Bar'를 찾아갔다. 영화의 인기로 인해 수많은 템플 바가 생겨나 48번째라고 쓰인 곳에 들어가니 정말로 사람들이 꽉 차서 선 채로 술을 마시며 음악을 연주하는 소리에 맞춰 몸을 흔들고 있었다. 일요일 저녁인데도 바 스트리트는 여기저기 문전성시를 이루고 사람들은 흥에 겨워 주말을 즐기고 있었다. 우리도 어느새 그 분위기에 젖어 기네스 맥주를 마시며 가볍게 몸을 흔들고 있었다. 한적하고 일찍 문을 닫아 버리는 벨파스트의 주말과는 사뭇 다른 모습이었다.

평화연수단 이영근 선생님이 현지 어린이들과 함께 그림책을 보고 있다.

대화의 공간 글렌크리Glencree

아일랜드공화국의 더블린에서 멀지 않은 위클로우에 있는 글렌크리 역시 대화를 목표로 만들어진 평화 단체이다. 버스를 타고 구불구불 한참 산골로 들어가니 바깥세상과 격리되어 아름다운 자연환경 속에 글렌크리가 자리 잡고 있었다. 반갑게 맞이하는 분들과 인사하며 바깥 풍경이 내다보이는 이층 카페에 가서 맛있는 커피와 빵을 대접받았다. 에이먼 래프터Eamon Rafter는 글렌크리 교육 프로그램의 책임자이자 학습 코디네이터라고도 할 수 있다. 그는 한 시간 반 넘게 이곳 글렌크리의 역사와 하고 있는 일에 대해 이야기하고 질문에 대답을 했다.

글렌크리는 원래 영국의 군 시설이었고 그 점에서 아일랜드 지역 사람에게 경고의 의미를 가지고 있는 곳이다. 아이러니하게도 폭력적인 영국군의 군사기지였던 곳이 지금은 평화를 만드는 공간으로 변화했다. 이백 년 전에 영국이 프랑스와 전쟁을 했을 때 아일랜드에서 폭동이 일어나자 영국은 후방이 걱정되었다고 한다. 프랑스와 전쟁이 끝나자 이곳을 확실히 지키기 위해 영국은 이곳에 군을 주둔시켰다. 소요가 진정되자 영국군은 이 건물을 버리고 떠났고 한동안 이곳은 청소년 계도시설로 이용되어 가톨릭에서 성당을 짓고 소년원처럼 활용하였다. 당시의 범죄는 가난 때문에 빈발했는데 먹을 것을 훔치다가 걸렸거나 부모가 돌볼 수 없는 경우에 이곳에 오기도 하였다. 1940년대에 여기 청소년들을 다른 시설로 옮기고 이곳은 다시 버려졌다.

2차 세계대전은 남아일랜드에 거의 영향을 미치지 못했다. 남아일랜드가 중립국 선언을 했기 때문이다. 북아일랜드 벨파스트는 폭격을 많이 당했지만 더블린은 폭격을 당하지 않았다. 2차 세계대전 직후에 아일랜드 적십자가 아일랜드 정부로부터 이 건물을 빌려서 독일의 어린이 난민들을 데리고 와서 여기에 수용했다고 한다. 이 작전이 클로버 작전이라고 하는데, 아일랜드 사람들도 대부분 이 사실을 모르고 있다. 피난처 역할을 한 셈인데 나중에 여기에 있던 어린이들 수백 명은 독일로 돌아갔고 일부는 아일랜드에 입양되었고 또 일부는 그냥 남아서 여기 살고 있다고 한다.

1974년에 글렌크리 센터를 여기에 만든 것은 북아일랜드에서 격화되었던 폭력사태에 대응하기 위해서였다. '피의 금요일'은 '피의 일요일'에 대항하기 위해 IRA가 반대 테러를 한 사건이다. 이처럼 폭력사태가 격화되는 시점에서 남아일랜드 시민사회의 대응으로 이러한 시설이 생겨났다. 그 당시에 여기는 50년간 분단되어 있던 상황이었고 북아일랜드의 상황이 남아일랜드에 어떠한 영향을 미치는지 고민하지 않을 수 없었다. 그래서 '평화를 위해 일하는 사람들'이라는 이름으로 가톨릭과 신교도를 망라해서 모임을 만들었다. 북아일랜드에서 벌어지는 폭력에 대해 어떤 입장을 가질 것인지, 이 문제가 과연 폭력적으로 해결될 수 있을지, 고민 끝에 테러로 북쪽에서 살 수 없게 된 사람들에게 피난처를 제공하는 일부터 시작했다. 초반에 남쪽으로 피신하는 사람들은 대체로 가톨릭 정체성을 지니고 있었지만 점점 신교도 정체성을 가진 사람들도 찾아오게 되었다. 그래서 그 모두를 위한 프로그램을 개발하고 이후 북쪽 청소년들이 남쪽을 방문하고 싶을 때 이곳으로 오게 하였다. 1980년대를 지나면서 글렌크리는 '누구나 보호 받을 수 있는, 모든 사람을 환대하는 공간'으로 자리 잡기 시작했다.

북아일랜드에서 평화 프로세스가 진행되었을 때 갈등 당사자들이 협상할 수 있는 마땅한 공간이 없어서 글렌크리는 많은 사람들의 피난처로서 새로운 환경 속에서 사람들이 대화를 할 수 있도록 정치인과 종교 지도자들의 모임을 주관하여 자리를 마련했다. 그 후에는 아픔을 겪었던 사람들이 서로 경험을 나눌 수 있는 프로그램도 마련했고, 여성과 관련한 프로그램을 진행하면서 협력하는 분위기를 조성하는 데 초점을 맞추었다. 특히 여성이 희망의 불씨를 놓치지 않도록 돕는 프로그램을 진행하려고 노력하였다.

글렌크리는 평화 프로세스가 진행될 때 남쪽 시민사회의 목소리를 반영하려고 했는데, 남쪽 사람들은 대부분 북쪽의 상황에 관심이 없었다. 그래서 청소년들이 이 문제에 관심을 갖도록 북쪽 사람들의 이야기를 들어보는 자리를 마련하기도 했다. 평화 프로세스를 진행하면서 남아공 사람들의 도움을 많이 받았고, 그래서 글렌크리의 경험을 많은 사람들과 나누어야 한다고 생각하고 있었다. 요즘 가장 초점을 맞추고 있는 사업은 난민을 지원하는 사업이다. 숙식을 함께 하거나 캠프, 트래킹을 하는 프로그램을 많이 진행하며 특히 재미있게 진행하려고 노력한다.

이들은 또 아일랜드에 살고 있는 다양한 배경을 가진 청소년들을 모아서 안전한 환경에서 자신의 입장을 이야기하도록 하는 프로그램을 진행한다. 누군가 이야기를 할 때에는 모두가 동의하도록 하는 것은 아니며, 동의하지 않더라도 이해하도록 하는 것이 중요하다. 대화의 기술보다는 함께 살 수 있는 방법을 찾아가도록 하고 있다. 요약하면 1) 대화, 2) 어떻게 다른 사람들의 이야기를 들을 것인가, 3) 환대, 4) 타자의 인간화 즉 다시 사람으로 받아들이기라고 할 수 있다. 양쪽 집단에서 온 정치인과 종교인들은 이렇게 말했다. "대화밖에 방법이 없다. 다른 방법이 없지 않은가? 신이 사람들의 마음속에 들어오는 단 하나의 방법은 대화다." 2016년에는 글렌크리 선언을 발표하였는데 모든 종교의 이름으로 평화롭게 해결하자는 내용이 그 골자였다.

에이먼 래프터는 가장 중요하게 여기는 것이 대화가 가능한 공간을 만드는 것이라고 했다. 안전하고 비밀이 보장되는 대화의 공간을 만드는 것이 목적이며 그것은 여전히 유효하다고 보았다. 북쪽에서 아픔을 겪은 사람들이 여기 와서 서로의 아픔을 듣고 치유할 수 있도록 하려는 것이다. 따라서 서로에 대해 이해하고 편견을 극복하고 관용의 태도를 갖도록 하는 것이 중요하다. 분열된 사회에서는 이런 프로그램에 참여한다는 것 자체가 부담일 수 있다. 그래서 북쪽 사람들이 여기 프로그램에 참여했다는 것이 그들의 커뮤니티에 알려지지 않도록 조심한다. 특히 여성들을 보호하려고 기밀 유지를 위한 노력을 각별히 한다. 여성 스스로 지역에서 네트워크를 만들어 사업을 하려고 할 때에는 위험에 처하지 않도록 돕고자 노력한다. 글렌크리의 후원회장은 아일랜드 대통령인데, 글렌크리가 '긍정적인 관계를 만드는 것'이 세계적으로 인정받는 활동이라고 이야기했다고 한다. 글렌크리는 북아일랜드의 코리밀라, 데리의 단체 등 여러 사회단체들과 연대하고 있다.

우리나라의 아리랑처럼 식민지 시절의 한과 가난을 상징하는 아일랜드 민요
「몰리 말론(Molly Malone)」을 부르고 있는 글렌크리 활동가 키란 알렌

전통에 빛나는 트리니티 대학과 국제학술대회

2월 14일 발렌타인 데이라고 이영근 선생님이 박종호 선생님과 새벽길을 걷다가 꽃 파는 가게 사진을 보내주었다. 더블린에는 진짜 발렌타인 성당이 있고, 가톨릭이 대세여서 천 년이 된 크라이스트처치 성당을 비롯해 곳곳에 고풍스러운 성당이 있다. 북아일랜드보다 확실히 더 붐비고 활기차고 여유로운 이곳에서 느긋한 아침을 먹고 김동진 교수가 몸 담고 있는 트리니티 대학으로 걸어갔다. 아일랜드에서 가장 오래되고 좋은 대학으로 알려진 트리니티 대학은 엘리자베스 1세가 세운 공립대학이다. 학기 중이라서 학생들이 가득 교정을 오가고 여행객들도 많이 방문하고 있어 우리는 입장료를 내고 줄 서서 안으로 들어갔다.

해리포터에 나오는 식당 디자인의 모티브가 되었다는 식당 건물을 거쳐 그 유명한 '켈스의 책The Book of Kells'이 있는 도서관에 들어갔다. 트리니티 칼리지 도서관은 아일랜드에서 가장 큰 도서관이다. 이집트 시대의 파피루스를 비롯해 총 500만 권을 소장하고 있고 영국과 아일랜드에서 발행된 도서 모두를 무료로 청구할 수 있는 권리와 함께 자유롭게 복사할 수 있는 특별한 권리를 가지고 있다. 1,200년 전에 만들어진 켈스의 책은 그중에서도 가장 유명한 책이고, 세계에서 가장 아름다운 책이라고 평가되고 있는 기독교계의 보물이다. 라틴어로 된 네 권의 성경이 8세기 무렵에 쓰였다던가. 커다란 액자에 담긴 켈트 문양과 오래된 종이에 쓰인 성경이 역사와 권위를 자랑하

트리니티 칼리지에서 진행한 '한국과 북아일랜드의 평화교육' 국제학술회의

고 있었다. 나무 계단을 올라가니 저 높은 천장에까지 닿도록 갈색 고서들이 꽉 채워져 꽂혀 있다. 한쪽에 놓여 있는 사다리는 전문가 외에는 꺼내지 못하도록 줄을 쳐놓았다. 책꽂이 앞에는 이름 첫 글자 의 순서에 따라 학자들의 조각상을 즐비하게 놓아 찾도록 하고 있었 다. 정말 부럽고 멋진 도서관이다. 우리가 서울로 돌아오는 16일 자 『한겨레』 신문에 세계의 도서관을 소개하는 기사가 크게 났는데, 그 중에 트리니티 도서관 사진이 실려 있어 놀랐던 기억이 난다.

트리니티 대학에서 우리는 국제학술대회를 가졌다. 아일랜드에서 데릭 월슨 얼스터대학 명예교수는 '북아일랜드와 한국의 평화교육',

2017.11.15.(수)
창비50주년홀

주최
어린이어깨동무
평화교육

서울교육대학교
통일교육연구소

후원
로인브

2017년 어린이어깨동무 평화교육 심포지엄에서 발표하고 있는 이본 네일러

앤드류 피어스 트리니티 대학 대학원장은 '남북 아일랜드 경계를 넘는 평화교육'을 발표했고, 이기범 이사장은 '사회 통합으로서의 평화와 평화교육', 정영철 평화교육센터 소장은 '한반도 평화 프로세스와 평화교육'을 발표했다. 이어서 퍼펫 워먼Puppet Woman의 이본 네일러는 '평화교육에서의 인형극의 활용', 너브 센터Nerve Centre의 존 피토는 '영상 제작과 평화교육', 김윤선 어린이어깨동무 사무국장은 '어린이어깨동무의 평화사업', 그리고 최혜경 어린이어깨동무 사무총장은 '평화운동으로서의 대북 인도적 지원'이라는 제목으로 발표를 했다.

그중에서 데릭 윌슨Derick Wilson 얼스터 대학 명예교수는 '북아일랜드와 한국의 평화교육'이라는 제목으로 평화 교육이 직장, 가족, 학교와 공공시설, 그리고 법에도 모두 존재해야 한다는 것을 강조하고 지난 50년 동안 그것에 실패했다고 평가했다. 문화적 정치적 종교적 주류에 속하는 사람들은 본인들이 믿는 가치와 목표처럼 다른 사람들이 믿는 가치와 목표를 믿지 않기 때문이다. 그리고 젊은이들과 어린이들에게 평화교육을 떠넘기고 교사와 고위 관료들에게 정작 평화교육을 제대로 하지 못했다는 것이다. 평화와 통일이 이 세계 문명의 가장 중심적인 구성 요소라는 것을 충분히 강조했다면 다양한 출신의 사람들에게 더 개방적인 사회를 꿈꾸며 만들 수 있는 에너지를 주고, 노약자와 여성들은 더 안전하다고 느끼며 폭력을 행사하는 학교도 용납되지 않았을 것이라는 주장이었다. 사회는 시민들을 자산과 선물처럼 귀하게 여길 것이고 '다른' 사람들도 따뜻하게 환영받으며 안전을 보장받았을 것이다. 대학의 모든 전공 분야에 이 개념이 확실하게 자리 잡도록 하여 경쟁하는 전통들 사이에 비집고 들어가도록 해야 한다는 것이다. 데릭 윌슨은 평화교육이 가져다줄 효과가 아주 크지만 외부 집단에 대한 우리의 반감이 이를 가로막고 있다고 진단했다.

아일랜드와 한국에서 평화운동을 해온 연구자와 실천운동가들의 발표는 구체적이고 실제적인 노력이 어디까지 진행되고 있는지 보여주었다. 시민사회의 노력으로 복잡하고 분열되어 있는 사회의 평화와 통합을 만들어가는 어려움과 성과를 나누면서 우리는 지구 저편에서 각자 하고 있는 일에 대한 이해와 연대를 통해 서로를 격려했다.

아일랜드 평화연수와 국제학술대회를 계기로 어린이어깨동무는 2017년 11월 15일 콜린 크레이그와 이본 네일러를 초청하여 평화교육 심포지엄 '평화교육은 우리를 바꿀 것인가'를 개최하였다. 2018년 6월 29일에는 데릭 윌슨을 초청하여 평화교육 콜로키움 '해외학자 초청강연 회복적 사회를 위한 평화교육'을 창비 50주년 기념홀에서 개최하였다.

아일랜드 평화교육에서 한반도 평화를 생각하다

그동안 분단을 극복한 나라 또는 통일을 이룩한 나라 하면 독일과 베트남을 떠올렸었다. 그러나 아일랜드는 우리와 비슷하게 식민지 경험과 내전 상태를 겪었다는 점에서 새로운 평화 프로세스로 면밀하게 살펴볼 필요가 있다. 아직은 위태로운 북아일랜드의 평화이지만 코리밀라나 정선과 같은 민간단체들이 평화의 중간지대를 만들고 다양한 대상에게 평화교육을 꾸준히 펼쳐왔다는 점에서 희망적이다. 특히 코리밀라나 글렌크리처럼 갈등하는 양쪽이 만나 대화를 나누고 캠핑을 하고 서로를 이해하며 분리를 넘어선다는 것이 중요하다.

평화는 만남과 대화를 통해 만들어진다는 것을 아일랜드 사례에서 실감한다. 우리는 비무장지대로 나뉘어 일상에서 폭력과 갈등을 아주 가까이에서 느끼는 건 아니지만, 만나지도 대화하지도 않은 채 지내온 세월이 서로에 대한 깊은 적대감과 이질감을 키워왔다. 정치권력에 의해 더욱 조장되고 이용되었던 분단은 교과서를 비롯한 학교교육과 사회 전반에 이분법과 넘지 말아야 할 금단의 선을 그어놓았다. 오죽하면 어린이들에게 북한이라면 혹 달린 도깨비가 떠오르고 가장 싫어하는 나라라고 생각하게 만들었을까.

아일랜드를 다녀와 한반도의 평화와 통일을 생각하면서 이런 상상과 제안을 해보고 싶다.

첫째, 코리밀라와 글렌크리처럼 우리도 남북 양쪽에 사는 사람들이 만나서 몇 날 며칠을 지내며 대화를 나눌 수 있는 평화의 공간이 있었으면 좋겠다. 캠핑도 하고 대화와 놀이도 하고 민통선 근처를 걸으며 명상을 해도 좋다. 당장은 이산가족 상봉도 자주 못하고 있으니, 우선은 탈북 청소년과 한국의 청소년들이 만나서 평화에 대한 생각도 나누고 평화교육 프로그램에 참여해보는 공간이 필요하다. 위치는 비무장지대에 가까운 파주, 연천, 철원 등지가 좋겠다. 지금 학교에서는 탈북 학생이 자신이 탈북했다는 사실을 다른 학생들에게 알리기를 꺼리고 담임교사도 뒤늦게 아는 경우가 많다. 그러나 남과 북을 다 경험하고 두 사회에 대해 잘 알고 있는 탈북 학생들은 앞으로 평화와 통일을 만들어가는 중요한 징검다리 역할을 할 수 있다. 이들이 남한 청소년들과 만나 서로를 이해하고, 한반도의 평화와 미래에 대한 이야기를 나눈다면 남한 청소년들에게도 탈북 청소년들에게도 유익한 경험이 될 것이다.

우리나라에서 평화와 통일을 생각해보는 체험프로그램으로 철원에 있는 국경선평화학교에 우리 학교 학생들과 함께 두 번을 다녀왔다. 국경선평화학교 정지석 교장 선생님도 아일랜드에서 평화학을 공부하고 오신 분이다. 국경선평화학교에서 우리는 노동당사, 평화전망대, 백마고지역, 월정리역 등을 둘러보고 평화교육을 받은 후, 소이산에 올라 북녘 땅을 바라보며 평화와 통일을 기원하는 기도를 다 같이 올렸다. 날마다 세 시가 되면 국경선평화학교 학생들과 교사들은 소이산을 오른다고 한다. 오르는 시간 내내 아무 말 없이 침묵 속에서 명상하며 소이산에 올라 철원평야와 비무장지대가 훤히 내려다보이는 군사분계선과 북녘 땅을 바라보면 절로 기도가 나온다. 학생들은 어떤 여행이나 체험에서도 느끼지 못한 새로운 경험이 되었다고 했다.

예전에 군사정권 시절에 반공안보 차원에서 땅굴견학을 정부가 실시하다가 2000년 남북정상회담이 이루어지던 시기에 상당히 활발한 교류와 협력이 이루어졌다. 그러나 최근 십 년 사이에 새로운 접근을 못하고 평화와 통일 교육이 학교교육에서 상당히 후퇴하였다. 이제 다시 남북 관계가 회복되고 평화와 번영의 시대를 만들어내기 위해 온 힘을 기울이는 흐름이 만들어지고 있으므로 우리의 상상력을 키우고 만나고 대화하는 공간이 필요하다.

둘째, 요즘 사회문제가 되고 있는 학교폭력 문제를 해결하기 위해 또래중조Peer Mediation 프로그램을 학교에 적극 도입하는 것이다. 교실에서 종일 같이 생활하고 있는 학생들이 학급 안에서 일어난 문제에 대해 민감하고 대처하기가 쉽다. 노르웨이와 뉴질랜드에서 시작되어 아일랜드에서도 활발한 또래중조 활동이 실제로 학교폭력 예방과 해결에 상당한 효과를 거둘 수 있을 것이다. 또래중조 교육을 실시하고 중조인 자격을 얻은 학생들이 갈등을 겪고 있는 학생들의 의뢰를 받아 갈등을 해결하도록 해볼 필요가 있다.

실제로 미국에서는 또래중조 활동을 통해 갈등을 겪는 양 당사자들의 갈등을 해결하는 경우가 85% 이상 된다고 한다. 강한 처벌과 CCTV 설치보다 또래중조 교육을 통해 길러진 중조 학생이 나서서 서로 오해를 풀고 양쪽 당사자들이 스스로 합의에 이루도록 돕는 것은, 학교에서만이 아니라 가정과 사회에서도 평화를 만드는 유용한 방식이다. 내가 있던 학교에서 학생회 산하에 또래중조 부서를 만들거나 동아리를 만들어 교육과 실습을 통해 또래 중조인이 다른 학생들의 문제 해결을 돕도록 한 적이 있었다. 그랬더니 먼저 또래중조 학생들의 자존감이 올라가고 각자 가지고 있던 심리적 문제를 해결하는 효과가 있었다. 또한 인간관계에서 어떻게 해야 할지 알게 되었고 더 원만하게 지내게 되었다는 반응을 얻었다.

셋째, 민통선 부근에 평화마을을 만들어 젊은이들이 살게 하는 것이다. 도시에서 내몰려 생존마저 힘든 젊은이들이 민통선 가까운 곳에서 문화예술을 하거나 농사를 지으면서 자립하고, 공동체를 만들어 어울려 사는 것이다. 변산공동체를 만든 윤구병 선생님과 몇 분이 평화마을을 실제로 파주에 만드는 시도를 하고 있는 것도 그러한 마을이 생명과 평화의 공동체가 될 수 있기 때문이다. 땅을 일구어 농작물을 얻고 자연이 주는 치유와 활력으로 건강한 삶을 살 수 있다. 수입 농산물이 넘치고 식량주권이 위협받는 현실에서 식량을 자급자족하고 유기농으로 건강한 먹을거리를 만들어내는 효과도 있다. 그곳 평화마을에 도시에서 시험과 경쟁에 쫓기는 청소년들이 가서 농촌봉사활동도 하고 자연을 벗 삼아 평화교육을 받으며, 민통선을 따라 걸어본다면 몸과 마음 깊이 평화롭고 치유가 되는 시간이 될 것이다.

아일랜드공화국의 글렌크리가 예전에 영국군의 부대가 주둔하는 기지였듯이 한국의 민통선 부근에 군인이 줄어 문 닫아놓은 군부대를 정부가 나서서 젊은이들이 와서 사는 문화예술촌, 생태건축학교, 귀농귀촌 예비학교, 슬로우 시티 등 평화마을로 만드는 것은 또 어떤가. 놀라운 발상의 전환으로 세계에서 가장 극적이고 상징적인 평화의 공간을 탄생시킬 수 있을 것이다. 민통선 여기저기에 들어선 평화마을들을 따라 걸으며 사람들의 발길이 미치지 않았던 청정한 땅에 사는 동식물들을 만나는 것은 얼마나 우리의 몸과 마음을 평화롭게 할 것인가.

평창올림픽으로 전환점을 마련한 남북 대화와 교류는 가로막히고 금지되었던 우리의 상상력을 자유롭게 펼치고 실천해볼 수 있는 대화의 공간을 제공하기 시작했다. 콜린 크레이그의 말처럼 남한도 자기네 이익을 챙기려는 강대국들 사이에서 어려움이 크겠지만, 어떻게든 독자적인 목소리를 내고 낮은 수준에서부터라도 남북 교류 협력 사업들을 만들어내야 한다. 종전선언에 이은 평화협정이 체결되어 한반도가 평화의 땅이 될 날이 멀지 않았다. 지극히 험난한 평화 프로세스를 하나하나 만들어가고 있는 아일랜드를 참조하며 정부가 시민사회단체와 더불어 더욱 과감하게 평화를 위한 발걸음을 내딛기를 소망한다. 우리에게 열린 미래를 보고 희망을 열어가자.

참고 문헌

- 강영진(2009). 『갈등 해결의 지혜』. 일빛.
- 어린이어깨동무(2017). 「아일랜드 평화연수 결과보고 기초자료」. 아일랜드 평화연수 사후모임.
- 이우영(2017). 「북아일랜드의 갈등과 평화」. 아일랜드 평화연수 사전모임 발표문.
- 한일동(2007). 『수난 속에 피어난 문화의 향기 아일랜드』. 살림.
- 윤구병 외(2018). 『하나 더하기 하나는 하나』. 누리살림.
- 한겨레(2017. 11. 17). 「북아일랜드 평화활동가 콜린 크레이그」. 한겨레신문.
- Derick Wilson(2017). 「북아일랜드와 한국의 평화교육」. 국제학술대회 발표문. 어린이어깨동무.

원반럭비로 배우는 평화

최관의

시작하며

피구, 발야구, 축구, 농구, 티볼, 플로어하키는 아이들이 좋아해 초등학교에서 자주 하는 운동경기입니다. 운동경기를 시작하려고 하면 아이들은 편을 어떻게 짜는지 궁금해합니다. 그 까닭은 누구랑 한편을 먹느냐에 따라 지고 이기는 게 결정되기 때문이지요. 잘하는 아이가 들어오고 못하는 아이가 상대편에 가도록 하려고 머리를 굴립니다. 교사 또한 이런 과정을 당연한 것으로 여기고요.

운동경기에서 누가 이기고 지는지에 마음 쓰는 건 어찌 보면 너무나 당연한 거라고 볼 수도 있습니다. 방송에서 운동경기를 보도하면서 누가 이기고 지는 소식을 날마다 쉬지 않고 이야기하고, 바로 그 맛에 경기를 관람하고 직접 하기도 하는 거니까요. 운동경기에는 지는 편과 이기는 편이 있는 게 너무나 당연한 거니까 그것을 편안하게 받아들이는 것도 중요한 공부라고 합니다. 맞습니다. 살아가는 과정에서 늘 성공하고 이기기만 하는 게 아니고 실패하고 지기도 합니다. 마음이 아프고 불편하더라도 받아들여 소화해내고 다시 일어서 시작하는 힘, 기꺼이 패배를 인정하고 다시 시작하는 힘이 필요하고 그것을 어려서부터 키워야 하는 것도 맞는 말입니다.

그런데 누구나 당연한 것으로 여기는 지고 이기는 문제가 아이들 마음을 아프게 하고 때로는 서로 미워하고 다툼이 벌어지도록 하는 중요한 까닭 가운데 하나라고 하면 이야기는 달라집니다. 더구나 성장하고 발달하는 시기에 상처를 남기는 출발점이 된다면 더욱 달라지지요.

편을 짜 경기를 하려면 시작 전부터 온갖 말이 나옵니다. 듣는 아이의 마음은 크게 중요하지 않아요.

"이 시합은 해보나 마나예요. 저쪽에 ○○가 있어서 우리가 지는 게 뻔해요."

"우리 편이 너무 약해요."

"○○가 우리 편에 있잖아요. 그 아이 너무 못한단 말이에요. 맨날 주머니에 손 넣고 있어요."

경기를 마무리하고 나면 더 심해집니다. 누가 반칙을 했네, 왜 편을 그렇게 짰느냐, 누가 경기하다가 밀치고 욕을 했다 등, 지면 진 대로 이기면 이긴 대로 서로 불만이 많아요. 그러다 어느 날은 아이들끼리 싸우는 일까지도 벌어지지요. 즐겁자고 한 일이 결국 사이가 틀어지는 일이 벌어져 친하게 지내던 친구 사이가 멀어지고 반끼리 서로 미워하게 되기도 합니다.

지고 이기는 것에서 벗어나 심리적 측면과 마음의 변화에 초점을 맞춰보겠습니다. 운동경기를 한다고 하는 순간 아이들이 이기고 지는 것에만 매달리는 것처럼 보이는데 조금만 더 살펴보면 그렇게 단순하지 않습니다. 아이들마다 운동경기를 바라보는 시각이 다 다르다는 겁니다. 몸 움직이는 것을 그다지 좋아하지 않는 아이, 좋아하는 운동과 싫어하는 운동이 분명한 아이, 우울한 기운이 가득해 어떤 것에도 의욕이 없는 아이, 과거 체육 시간에 안 좋은 경험이 많아 체육이 싫은 아이, 몸을 부닥치며 격렬하게 움직이는 게 무섭고 두려운 아이, 몸이 아픈 아이, 상황판단 능력이 뛰어나 어느 편이 이기고 질지 뻔히 알고 있는 아이, 승부욕이 너무 강해 지는 걸 못 견뎌 하는 아이 등. 하나하나 말하기 어려울 정도로 다양한 몸과 마음의 특성을 갖고 운동경기에 참여하는 겁니다.

이렇게 아이들마다 갖고 있는 다른 몸과 마음 상태와 친구관계가 또렷하게 드러나는 때가 바로 운동경기 하는 순간이라는 걸 교사는 놓쳐서는 안 된다고 봅니다. 일반적인 다른 수업과는 달리 운동경기는 몸을 움직여 부닥치며 서로를 끊임없이 빠르게 자극합니다. 눈빛, 말투, 표정, 몸짓 등으로 엄청나게 많은 자극을 주고받아요. 교실 수업과는 달리 몸을 움직이기 때문에 마음 깊이 가라앉아 있거나 억눌려 있던 심리적 특성과 본능이 거침없이, 거르거나 포장하지 않고 그대로 드러납니다.

그 어떤 수업보다도 운동경기 수업에서는 아이들의 심리적 상태와 관계의 특징이 그대로 드러나기 때문에 이것을 아이들의 성장과 발달에 보탬이 되는 쪽으로 이끌어가야 합니다. 평소에 아이들과 자주 갈등을 일으키고 부닥치는 아이들을 살펴보면 대체로 운동경기 규칙을 자주 어기며 자기 뜻에 맞지 않으면 화를 냅니다. 상대의 마음을 읽어내고 공감하고 거기에 맞게 행동하는 능력이 떨어져 다툼이 자주 벌어지는 거지요. 가라앉아 있고 우울한 아이는 운동경기를 할 때도 의욕이 없고 경기의 흐름을 타지 못하고 주변을 빙빙 돌기만 하기도 해요. 교실 수업에서는 보이지 않던 아이들의 심리적 특징과 관계의 특징이 운동경기에서는 아주 또렷하게 드러납니다.

교사는 운동능력에만이 아니라 아이들의 마음상태를 읽어내는 힘을 갖고 있어야 합니다. 누가 운동을 잘하고 못하는지 살피는 것에만 힘을 쓰다 보면 정말로 중요한 아이들의 성장과 발달을 놓칠 수 있기 때문입니다. 그러기 위한 첫출발은 아이들과 교사가 운동경기의 결과, 다시 말해 지고 이기는 것에 마음 쓰는 게 아이라 서로를 살피고 배려하면서 운동을 즐기도록 학급, 학년, 학교 문화를 만들어가야 합니다. 이것은 함께 살아가는 구성원들이 눈에 보이는 결과에 매달리는 것이 아니라 서로의 마음에 일어나는 변화에 신경 쓴다는 것이고, 내 마음만 아니라 네 마음도 살핀다는 것을 의미합니다.

아래의 글은 초등학교 4학년 아이들과 원반럭비를 하는 과정에서 일어난 이야기를 정리한 겁니다. 피구, 축구, 농구, 플로어하키 등 모든 운동경기를 아이들 마음과 관계를 살펴 성장과 발달이 일어나도록 도와주는 중요한 기회로 삼아야 한다는 마음으로 이 글을 씁니다. 사실은 운동경기만이 아니라 모든 몸으로 움직이는 놀이가 다 그렇지만요. 결과가 아닌 과정에서 일어나는 마음의 변화에 더욱 신경 쓰는 교실에서는 다툼이 덜 일어나고 조금 더 사이좋게 지내는 건 너무나 당연합니다. 결과에만 매달리는 사회보다 과정을 소중히 여기는 사회가 사람 살 만한 세상인 것과 같은 이치라고 봅니다.

원반럭비로 배우는 평화

시작은 지루하지만

"원반던지기 또 해요?"

"재미없어요. 다른 거 해요."

"피구 해요."

오늘로 원반던지기 연습 수업을 3차시째 하는데 아이들이 지루하다고 여기저기서 볼멘소리를 하네요. 그럴 만도 합니다. 원반던지기 연습이 재미있을 리가 없어요. 두 사람이 마주 보고 서서 서로 원반 주고받기를 하니 지루한 게 맞지요. 수업 내용이 바뀌는 것도 아니고 변화를 줘봐야 원반을 주고받는 짝과의 거리를 조금 더 벌리거나 간단한 놀이 규칙을 섞어서 하는 정도인데, 잘하는 아이들이야 원반이 비행접시처럼 멋지게 날아가고 그걸 손으로 잘 잡으니 좋아하지만 서툰 아이들은 무척 지루하고 재미없는 수업일 수밖에 없습니다.

아이들마다 모습이 참 다릅니다. 눈빛에 '너무 재미있다'라는 기운이 가득하고 온몸에 생기가 넘치는 아이, 마치 수학문제 풀 듯 차분히 정성껏 하는 아이, 하라니까 마지못해 하기는 하는데 재미라고는 눈곱만큼도 찾을 수 없다는 표정으로 하는 아이, 정해진 자리에서 해야 하건만 이리저리 마구 돌아다니며 다른 사람들을 방해하면서도 나는 재미있어 죽겠다는 표정의 아이 등 아이들마다 다 다릅니다. 짝과 안 맞아 도저히 못 하겠다고 바꿔달라고 하거나 말해봐야 안 해줄 거 같으니까 짝은 무시하고 혼자 연습하기도 합니다. 그런가 하면 짝이 너무 성의 없이 해 도저히 함께 못 하겠다 싶은데 그걸 참고 살살 달래며 끝까지 연습하는 아이도 있어요. 아이들마다 잘하면 잘하는 대로 못하면 못하는 대로 어려움을 겪으면서도 참고 견디어내며 지루한 원반던지기 연습을 합니다.

아이들 몸짓과 표정을 보고 '이제 좋은 기운을 좀 줘야 연습을 이어갈 수 있겠구나' 싶은 생각이 들 때 아이들을 모두 그늘로 모이게 했습니다. 그러고는 이야기를 주고받았습니다.

"재미있니?"

"아니요. 지루해요."

"재미가 아주 없지는 않은데 경기 언제 해요?"

"그래. 내가 봐도 지루하겠다. 한 걸 또 하고 또 하고 하니. 그런데 연습을 안 할 수가 없어. 앞으로도 몇 시간 더 할 건데. 왜 그럴까?"

앞으로도 몇 시간이나 이 지루한 원반 주고받기를 한다는 말에 실망하는 표정이 보입니다.

"원반 주고받기를 못하면 경기를 할 수가 없어요."

"연습을 충분히 해야 재미있게 할 수 있어요."

"엄마가 그랬어요. 처음엔 다 재미없다고. 참고 하다 보면 재미있대요."

"피아노 배울 때도 그랬어요."

"수영도 그래요. 그만두고 싶을 때가 얼마나 많았다고요. 지금은 너무 재미있어요."

제법 세상 사는 이치를 깨우친 뜻깊은 이야기를 하더군요. 아이들 말을 종합해서 이야기했습니다.

"연습 마치고 원반 경기로 들어가면 재미있어. 그런데 지금 이 상태로는 경기를 할 수 없다는 거 알지? 원반 경기를 하려면 주고받는 게 잘되어야 한단 말이다. 조금 더 참고 하자. 몇 사람이 말한 대로 수영도, 피아노도, 야구도, 농구도 뭐든지 기본을 배워야 재미를 느낄 수 있어. 그때까지 참고 견디어야 해. 그래야만 그 재미를 느낄 수 있단다. 날 믿어. 기본기를 익히는 더 재미있는 방법이 있으면 모르겠는데 이리저리 머리를 굴려봐도 더 뾰족한 수가 없거든. 오늘 말고 두 시간만 더 이 수업을 하자. 날 믿고 하자고."

몇 가지 놀이를 섞어가며 원반 주고받기 연습을 시켰지만 지루한 느낌을 벗어날 수는 없었습니다. 그래도 꽤 많은 아이들이 참고 견디어내며 꾸준히 연습을 했고 경기를 할 수 있을 정도가 되었지요.

이 수업의 목적은 원반을 능숙하게 주고받는 것만이 아니었습니다. 원반이 손에 익숙해지는 것, 원반을 어떤 방법으로 던지고 받아야만 받기 좋게 멀리까지 던질 수 있는지 그 방법을 찾는 것, 원하는 사람과 원반을 놓치지 않고 주고받는 것 등이 목표였지만 가장 중요한 것은 따로 있습니다. 아이들과 나눈 이야기 속에 나와 있는데요, 무엇을 배우든 처음에는 지루하고 힘들다는 것을 깨닫고 그 고비를 넘어가는 힘을 기르는 것이었습니다.

"우리 반은 3, 4, 5월에는 원반럭비를 할 거야. 6, 7월에는 티볼 하고. 티볼은 원반럭비보다 더 어려워. 공 주고받기 연습, 야구 방망이로 공 때리기 연습, 규칙 익히기 연습이 되어야만 경기를 할 수 있거든. 지난 시간에 친구들이 말한 것처럼 수영, 피아노도 그렇고 처음 배울 땐 좀 힘들어. 리코더, 단소, 대금, 바느질 다 그래. 조금만 더 힘내자. 어려운 고비를 넘기자고."

재미와 눈물은 함께 오고

5차시에 걸친 지루하고 지루한 연습을 마무리하고 마침내 원반럭비 경기를 시작했어요. 아이들에게 물어보니 남자, 여자 구별하지 말고 섞어서 하자네요. 편을 갈라 조끼를 입고 경기를 시작했습니다. 지루한 시간을 보내 그런지 너무 재미있다고 이어서 한 시간 더 하자고 해요. 마침 운동장으로 수업하러 나오는 반이 없기에 한 시간 더 했습니다.

그런데 문제가 생기기 시작해요. 패스가 정확하고 잘 받는 아이들에게만 원반을 주는 일이 벌어지기 시작했어요. 그야말로 잘하는 아이들에게만 원반이 가고 서툰 아이들은 그냥 따라다니며 구경만 해요. 자기도 잘 못하니 적극적으로 달라고 따지지도 못하고. 원반 주고받기가 서툰 아이들에게 원반이 안 가니 주고받을 기회가 없고 그러니 시간이 갈수록 원반 다루는 솜씨가 제자리걸음입니다. 잘하는 아이들은 선순환의 흐름을 타서 솜씨도 늘어나고 가슴에는 원반럭비에 대한 의욕이 불타오르니 더욱더 잘하게 됩니다. 부익부 빈익빈이 여기에서도 벌어지네요.

서투른 아이들은 부러운 눈으로 잘하는 아이들을 바라보며 자꾸만 발걸음이 무거워지고 표정도 어두워집니다. 담임에게 찾아와 하소연하기 시작했어요.

"선생님! 잘하는 아이들끼리만 해요."

"한 번도 원반을 만져보지 못했어요. 나 안 할래요."

"남자 아이들끼리만 해요."

울먹이면서 하소연하는 아이도 있어요.

"선생님! 원반 놓쳤다고 욕해요."

"아이들이 나만 싫어해요. 원반을 달라고 해도 안 줘요. 왕따시켜요."

"안 하면 안 돼요? 힘들어요. 나가서 쉴래요."

하소연하는 아이들이 많아져 이대로 경기를 진행해도 될까 싶은 마음이 들었지만 아이들 사이에 일어나는 변화를 관찰하려고 달래서 다시 경기 흐름 속으로 들여보냈습니다.

이대로 잘하는 아이들과 못하는 아이들의 흐름이 굳어지나 싶은데 세상 이치가 그렇지 않더군요. 속상한 아이들 수가 늘어나 우리 반 아이들의 1/3이 넘어간다 싶을 때 변화가 일어나기 시작했습니다. 서툴고 못하는 아이들이 몸으로 자기 마음을 드러내기 시작했어요. 경기 도중 혼자 우두커니 서서 신발 끝으로 운동장 바닥을 툭툭 치면서 파거나 운동장 가에 쪼그리고 앉거나 경기 흐름에서 빠져나와 운동장 가에 남아 있는 원반을 들고 혼자 연습하는 아이가 하나둘 생기네요. 화장실에 간다고 가서 한참 있다가 오고 운동장 가에 있는 화단 돌을 징검다리 삼아 혼자 놀기도 하고 몇몇은 모여 서서 이야기하거나 뭔가를 갖고 놀기도 합니다.

모른 척하고 경기를 계속 진행시켰어요. 우리 반 23명 가운데 열 명 정도만 신나서 원반을 따라서 이리저리 뛰어다니며 경기를 하네요. 그 아이들마저도 몸짓이 느려지고 얼굴에서 웃음이 줄어들더니 짜증내고 다투는 소리가 자주 들립니다. 결국 몇 명이 제게 와서 하소연하기 시작했습니다.

"선생님! 경기에 열심히 참여하지 않는 아이들 혼내주세요."

저는 무표정한 모습으로 대답했어요.

"참여하지 않는 아이들 말도 들어봐야 하는 거 아냐? 왜 그런지?"

"안 하잖아요. 그러니까 재미가 없어요."

"저 아이들도 맨 처음에는 열심히 했는데. 연습할 때도 얼마나 열심히 했다고. 왜 저러는지 이야기 들어봤어?"

"원반 안 준다고 뭐라고 해요."

"그래. 뭔가 할 말이 많은가 보더라. 시간도 얼마 안 남았고 이대로 조금 더 하고 마무리하자."

지루한 연습을 견디어내며 시작한 첫 번째 원반럭비 경기를 이렇게 어수선한 상태에서 마무리했습니다.

흐름에 변화를 주다

다음 날 도덕 수업 한 시간을 빼서 아이들과 원반럭비에 대해 이야기를 나누었습니다.

"어제 원반럭비 할 때 재미있기도 했지만 뭔가 기분이 안 좋았어. 왜 그랬을까?"

말이 떨어지기 무섭게 여기저기서 혼잣말로 웅얼거리는 온갖 소리가 들립니다.

"난 재밌었는데. 뭐가 문제지?"

"재미는 무슨 재미냐? 재미 하나도 없어. 피구가 나아. 축구를 하든지."

"그냥 피구 해요. 하는 애들만 해서 재미없어요."

할 말이 그리도 많았는지 한바탕 소란이 일다 좀 가라앉은 뒤 차분히 이야기를 풀어갔습니다.

"그래. 재미있는 사람도 있지만 속상한 사람들도 많았어. 문제가 있는 게 분명해. 문제가 있다고 확 뒤집어서 원반럭비를 안 하는 건 더 심각한 태도라고 봐. 피구든 뭐든 어두움, 그러니까 문제점이 없는 건 없거든. 다듬어가는 거지. 먼저 문제점을 찾아보자. 그리고 다듬어가자고. 재미있게 만들어가야지."

"잘하는 애들만 해요."

"남자애들만 하고 여자한테는 거의 패스를 안 해요."

"원반을 만져보지도 못 했어요."

"몸으로 밀어서 무서워요."

중간에 끼어들어 잠깐 이야기를 끊었어요.

"왜 잘하는 아이들끼리만 자꾸 주고받게 되지?"

"떨어뜨리면 원반을 상대편에게 빼앗기잖아요. 그러니까 안 떨어뜨릴 아이한테 패스하게 되지요. 그래야 이기니까요."

"그러면 원반을 못 받은 아이는 어쩌지? 하고 싶을 텐데?"

"그러니까 연습을 많이 해서 잘하게 해야지요."

"그 사람은 원반을 잘 못 받고 싶어서 그런 걸까?"

"그건 아니지만."

"못한다고 안 주니까 더 못하게 돼요. 못해도 줘야 해요."

"그러면 우리 편이 지잖아."

이날 아이들과 이야기해서 경기가 재미없게 되는 까닭을 찾아내 대책을 세웠습니다.

- 사람이 너무 많아서 원반을 못 받는 사람이 있다.
  → 남자와 여자로 나누어서 경기를 한다.
- 질까 봐 못하는 사람한테 패스를 안 하게 된다.
  → 점수에 매달리지 말고 서로 즐겁게 하도록 하자.
- 원반이 안 와 재미없다고 경기에 참석 안 하는 사람 때문에 재미가 없어진다.
  → 재미없더라도 참고 열심히 하고 잘하는 사람들은 골고루 패스하도록 노력한다.

여자는 여자끼리 경기를 하니 한 편이 여섯 명씩 하게 돼 원반을 못 받는 아이들이 많이 줄어들더군요. 남자 아이들도 다섯 명씩 했습니다. 경기 안 한다고 밖으로 나오는 아이들도 거의 없더군요. 물론 이런 변화를 담임이 마음대로 정해서 할 수도 있지만 그렇게 하지 않았습니다. 아이들 스스로 문제점을 찾아내고 거기에 맞는 대책을 세우도록 분위기를 잡고 이끌어갔습니다. 그 과정이야말로 중요한 공부이기 때문입니다. 누가 해주는 것과 스스로 변화를 만들어가는 것과는 하늘과 땅 차이라고 봅니다. 스스로의 힘으로 해본 아이들은 다른 문제 상황을 만나면 자기들 스스로 풀어갈 테니까요.

그런데 한 가지가 잘 안 되더군요. 지고 이기는 것에 지나치게 매달리지 않아야 다툼도 적고 못하는 아이들에게 패스도 하고 그럴 텐데 이것만은 좀처럼 나아지지 않아요. 점수 차가 많이 나면 이기는 편은 너무 이겨서, 지는 편은 너무 져서 불만이 많아요. 경기 도중 아이들을 불러 모았습니다.

"점수 차가 너무 많이 나니까 좀 그렇지? 어떻게 할까? 이대로 계속 갈 수는 없잖아."

"편을 다시 짜요."

"어떻게?"

이리저리 궁리하다 아이들과 내린 결론은 전반전과 후반전으로 나누어 전반전이 끝나면 자기편끼리 가위바위보 해서 이긴 사람들끼리 한편, 진 사람들끼리 한편을 하기로 했어요. 그러면 점수에 너무 얽매이지도 않고 중간에 편이 바뀌어 자기편도 이길 수 있다는 마음도 생기니까 좋다고.

남녀로 나누고 전반전과 후반전으로 나누어 편을 바꾸고 변화를 줬습니다. 그렇다고 원반럭비가 재미있어 한 명의 아이도 혼자 운동장 가로 나오지 않고 다툼이 없어지지는 않았습니다. 다만 그러기 전보다는 눈에 띄게 움직임이 많아지고 얼굴이 밝아졌으며 원반럭비를 하지 말자는 말이 거의 들리지 않더군요. 그래도 다툼은 멈추지 않았고 경기장을 뛰쳐나가는 아이들도 없어지지 않았습니다.

이럴 때 기분 나쁘다고!

몇 가지 변화를 주었지만 다툼도 속상한 일도 멈추지 않았습니다. 세상살이가 내 마음에 쏙 드는 게 어디 있겠어요. 다른 사람들이 나만 바라보며 나를 위해 마음 쓰며 사는 게 아니니까요. 그러길 바라는 게 잘못이고 착각이라는 걸 배워야 한다는 마음으로 그냥 밀고 갔습니다. 그러다 아이들 사이 다툼과 마음 아파해하는 아이들을 더 줄이는 방법을 찾았습니다. 쪽지를 나누어 주고는 원반럭비를 하는 동안 힘들고 속상한 점을 쓰게 했지요. 자기 이름은 쓰지 말고요. 그걸 받아서 모아 비슷한 것끼리 정리한 게 아래에 있는 표입니다.

이럴 때 기분 나쁘다고!

말	<ul><li>던지라고 해서 내가 던졌는데 왜 이렇게 못 던지ㄴ냐ㄱ 하면 잘하고 싶은 의욕이 없어진다.</li><li>친구들이 나한테 "너 하지 마. 너 못하잖아"라고 말을 하면 속상하다.</li><li>"내가 부딪쳐서 미안해"라고 하면 끝날 걸 사과를 안 한다.</li><li>못 받거나 잘못 던졌다는 이유로 구박받을 때</li><li>상대편 아이들과 우리 편 아이들이 싸워서 일이 벌어질 때</li><li>친구가 싸우면 기분이 더 안 좋다. 친구들이 안 싸웠으면 좋겠다.</li><li>실수하거나 잘못해도 화내거나 안 좋은 말을 하지 않으면 좋겠다.</li><li>오늘 상대편이 원반을 가지면 우리가 이기고 있기 때문에 엄청 멀리 던진 뒤 다시 가지고 오라고 하는 식으로 계속 놀렸다.</li><li>자기네가 지면 안 좋은 것만 쏙쏙 골라서 말하고 이기면 아무 말도 안 하는 것</li></ul>

밀침	• 상대방이 계속 밀쳐서 그만 밀치면 좋겠다. • 친구들이 내가 안 밀쳤는데 밀쳤다고 하면 기분이 나쁘다. • 몸으로 미는 게 싫다. • 친구가 나를 밀칠 때 • 남에게 피해를 주니까 자꾸 짜증이 난다. • 원반을 받으려고 할 때 상대편이 밀면 기분이 안 좋다. • 아이들이 밀치는 것 • 가만히 있었는데 밀쳤다고 우길 때 속상하다. • 내가 원반 받으려고 할 때 갑자기 밀쳐내고 받아서 자기가 던지면 기분이 나쁘다.
규칙	• 애들이 서로 골고루 돌아가면서 번갈아 원반을 돌리면 싸우지 않을 것 같다. • 원반에 집중하지 않거나 화를 내거나 짜증을 내는 친구는 경기를 시키지 않으면 좋겠다. • 친구들이 원반던지기에 집중을 하지 않으면 기분이 나쁘다. • 아이들 마음을 아프게 하면 경기 못 하게 해요. • 계속 잡고 이기면 좋다. 그런데 지면 속상하다. 그래서 점수를 없애면 좋겠다. • 운동장에서 퇴장당할 때 너무 속상하고 슬프다. • 원반을 못하는 사람의 기분을 알아주면 좋겠다. 못하는 사람에게도 줘라. • 잘하는 사람들이 자기들만 하는 것
실수	• 내가 너무 여러 번 던질 때 나만 지나치게 많이 해서 친구들한테 미안하다. • 친구가 잘못 던진 것도 아닌데 내가 못 잡았을 때 기분이 나쁘다. • 우리 팀도 밀었지만 너무 다 밀어서 약간 그때 이상해서 너무 친구한테 화를 냈다. 친구와 더 사이가 나빠지면 안 되겠다. 잠깐 정신이 나간 것 같다. 내일 꼭 화해를 해야겠다.

쪽지 글을 읽은 뒤

'금요일 5교시! 국어 시간이지만 국어 수업 대신 원반럭비를 한다. 그러고는 아이들의 변화를 살핀다.' 이런 속셈을 갖고 교실 청소를 마친 뒤 가방을 다 싸서 집에 갈 준비를 해놓고 이 글을 읽었어요. 내일부터 토, 일 이틀 쉰다는 마음에다가 국어 수업도 안 하고 집에 갈 준비까지 깔끔하게 해놓고 글을 읽으니 아이들 표정이 밝아요.

별말 안 하고 한 사람씩 돌아가면서 소리 내 읽도록 했습니다. 오래 말할 시간이 없었거든요. 얼른 읽고 나가서 원반럭비를 하려고요. 이 글을 읽고 나가서 경기를 하면 아이들에게서 어떤 변화가 일어나는지 알아보는 게 수업을 설계한 목적이니까요. 국어 시간에 체육을 하니 얼마나 좋겠어요. 그런 아이들의 심리를 이용하는 수업입니다.

읽고 나서 마지막으로 정리해주었어요.

"가장 많이 나온 말이 몸을 밀칠 때 기분 나쁘대. 실수하거나 잘못했을 때 구박하고 욕하고 잔소리하고 인상 써서 마음이 아프다네. 얼마나 마음이 아픈지 안 하고 싶대. 경기에 집중하지 않고 운동장을 빙빙 돌거나 혼자 운동장 구석에 서성거리는 아이들을 볼 때 화나고 그 사람은 경기에 참석 못 하게 하고 싶다는 말도 있고. 잔소리하고 구박하면 더 실수를 많이 하게 된다는데 어쩌나? 하고 싶은 마음이 없어지고 잘하고 싶은 의욕도 없어진다니 어떻게 해야 할까? 일단 지금 한 말을 생각하면서 원반럭비를 하자고."

"국어 수업 안 하고요?"

"그래. 운동장 나가 한판 놀고 집에 가자. 나가자."

다들 얼굴이 환해지네요. 더 깊은 토론이나 속마음을 이야기하고 싶은 마음을 누르고 곧바로 서둘러 운동장으로 나가 원반럭비를 시작했습니다.

그런데 다른 날과는 달리 경기하는 내내 아이들 사이에 이런 말이 자주 들리는 겁니다.

"괜찮아, 괜찮아."

"미안해. 내 잘못이야."

"실수! 실수!"

"좋아, 좋아. 파이팅!"

"네가 던져. 난 많이 했어."

"성준아! 하진이 줘. 하진이 많이 못 잡았어."

원반럭비는 원반을 우리 편끼리 주고받다 놓쳐 땅바닥에 떨어뜨리면 상대편이 공격권을 가져가요. 수비하는 도중에 다른 사람 몸에 손이 닿거나 들고 있는 원반을 강제로 빼앗는 건 안 됩니다. 다만 날아가는 원반을 툭 쳐서 떨어뜨리거나 낚아채고 상대방이 받지 못하도록 가로막는 거는 되지요. 그러니 원반을 잡으면 안전하게 우리 편에게 패스해주고 그 원반을 다시 받고 싶거든요. 떨어뜨리지만 않으면 얼마든지 우리 편끼리 주고받으며 점수를 얻어낼 수 있으니 잘하는 아이들에게 패스하고 싶은 마음이야 당연하지요.

못하는 아이들은 위치를 잡아도 원반을 주기 어려운 위치에 서 있다는 공통점이 있어요. 원반을 잡은 아이가 의무감에서 주고는 싶은 데 그 아이가 서 있는 위치와 자세가 불안하니까 순간 멈칫하고 망설이다가도 그 아이가 겪는 마음고생을 아니까 주는 건데요, 그걸 옆에서 바라보는 담임도 조마조마해요.

'저걸 잘 받아야 또 원반이 저 아이에게 갈 텐데.' 하며 초조해지기까지 해요. 한 시간 내내 경기를 해도 한 번 원반을 만져볼까 말까 한데 어쩌다 받은 원반을 놓치면 얼마나 마음이 아프겠어요. 받는 아이 표정을 보면 스스로도 자신감이 없어서 불안해하는 게 또렷하게 보이거든요. 담임 처지에서는 저 아이가 체육 시간뿐만 아니라 교실에서 다른 수업을 할 때도, 아이들과 어울려 살아가는 동안에도 위축되어 있는 걸 알 수 있어요. 원반을 성공적으로 받아 다른 아이에게 연결해주는 경험이 그 어떤 아이보다도 필요하고 중요하다는 것, 저 아이의 정서적 안정과 성장에 엄청난 영향을 준다는 걸 알기에 더욱 안타깝고 초조하고 몸이 달지요. 그러다 실패를 했어요.

그런데 원반을 던진 아이가 이런 말을 해요.

"괜찮아, 괜찮아. 걱정하지 마."

그 말을 하는 게 얼마나 어려운지는 그 순간 원반을 패스해준 아이의 얼굴 표정을 보면 알아요. 순간 화가 올라오는 걸 억누르고 표정을 되도록 부드럽게 하려고 노력하는 게 보여요. 다른 때 같으면 이런 말이 날아가지요.

"아휴, 그것도 못 받니? 그러니까 연습을 해야지."

"그걸 떨어뜨리니? 정말. 아휴"

가는 말이 고와야 오는 말도 좋다고 그렇지 않아도 모처럼 주는 원반을 못 받아 미안하고 스스로가 미워지기까지 하고 있는 아이 입에서 나오는 말이 좋을 리가 없지요.

"야! 내가 그러고 싶어서 그러냐?"

"니가 똑바로 줘야지. 주는 건 더럽게 주고는."

그나마 이런 말이라도 하면 옆에서 보는 담임 마음이 덜 아프지만, 이런 말도 못 하고 그냥 일방적으로 당하며 '이런 말 한두 번 들어보냐.' 하는 표정으로 아픈 속을 억누르고 자기 탓만 하는 아이를 보면 마음이 아프지만 그런 일이 일어날 때마다 담임이 일일이 끼어들 수가 없어요.

그런데 오늘은 말이 부드러워요. 괜찮다고 걱정하지 말라고 하니 어떤 말이 나가겠어요. 당연히 좋은 말이 나가요.

"미안해. 내 실수야."

"미안해. 정말 미안해."

그렇다고 해서 아이들 사이에 갈등이 안 일어나지는 않아요. 반칙이다 아니다, 왜 나한테만 안 주냐, 왜 그렇게 못하느냐며 옥신각신해요. 하지만 마음에 안 든다고, 나에게만 패스 안 해준다며 운동장 바닥을 신발 코로 툭툭 치거나 운동장 가에 쪼그리고 앉아 있는 아이가 줄어들었어요. 어제보다는 분위기가 훨씬 좋아요.

이날은 담임도 훨씬 여유롭고 편안한 마음으로 체육 수업을 했습니다. 아이들 사이에 다툼은 있지만 "괜찮아, 괜찮아", "미안해. 내 잘못이야"라는 말로 서로 다독거리며 경기를 하려 노력하는 모습을 봐서 그래요. 원반럭비 흐름 속으로 들어가지 못하고 겉도는 아이들에게 잔소리하지 않았어요. 저 녀석들이 원반럭비 흐름을 타면서 그야말로 맛있게 즐기지 못하는 까닭이 한두 가지가 아니라는 걸 떠올리며 다른 수업할 때 돋보이게 해주어야겠다는 고상한 마음을 먹었습니다. 3, 4, 5월 석 달 동안 해온 원반럭비 마지막 수업을 이렇게 마무리했습니다.

생활글에 나타난 원반럭비

원반럭비는 5월 중순 무렵 끝냈습니다. 원반럭비는 운동량이 엄청나게 많아요. 아직 무더위가 시작되지 않은 5월까지는 원반럭비를 하고 더워지는 5월 하순부터는 그늘에서 쉬어가며 할 수 있는 티볼 수업을 했지요. 수비할 때는 운동장에 나가 수비를 하고 공격할 때는 그늘에 앉아 타순을 기다리면 되니까요. 원반럭비를 마무리하며 아이들에게 마음에 남는 걸 글로 쓰자고 했어요. 그렇게 해서 나온 글 가운데 몇 편을 아래에 놓고 그 의미를 새겨보았습니다.

(줄임) 원반럭비를 할 때는 2 대 0으로 이기고 있을 때 상대방이 속상하고 사이가 안 좋아질까 봐 팀이랑 말해서 우리 팀이 상대편에게 점수를 주어서 게임에서 상대방 기분을

들뜨게 해주면 친해지는 일도 있다. 수학 풀이를 할 때 도와주면 그 친구랑 사이가 좋아져서 친구가 될 수도 있고 미술 시간에 지점토로 모둠끼리 협동해서 만들 때도 친해진다. 선생님 말씀을 못 들었을 때 짝이 도와주면 기분이 좋고 안 좋은 일은 원반럭비 할 때 자기에게 패스를 안 해주어서 속상해하는 친구랑 좀 멀어진 것 같다. 이민성(5월 18일, 금)

'우리 팀이 상대편에게 점수를 주어서 게임에서 상대방 기분을 들뜨게 해주면 친해지는 일도 있다'라는 부분을 읽으며 민성이답다는 생각을 했어요. 민성이는 말수가 적어요. 별명을 짓는다면 '카리스마리'라고 할 겁니다. 말은 없으나 상대의 처지와 마음을 읽어내는 힘이 대단해요. 상대에게 이익이 되도록 슬그머니 마음 써주고 때로는 자기 것을 주기도 하지요.

원반을 잘 못하는 아이들에게 일부러 패스하고는 놓쳐도 "괜찮아. 다음에 잘하면 돼"라고 말하는 걸 여러 번 봤습니다. 그러니 누가 싫어하겠어요. 원반을 패스해주는 걸 넘어 지고 있는 편에게 슬그머니 져주기까지 하는 모습을 보고 놀랐습니다. 그러면서도 자기가 한 것을 티 내거나 생색내지 않아요.

교사가 체육 시간에 운동기능, 그러니까 얼마나 운동신경이 있고 경기 운영을 잘하며 점수를 내도록 흐름을 만들어가는지에 신경을 쓴다면 아이들도 그 흐름으로 가게 됩니다. 운동경기를 하는 동안 마음에 일어나는 변화의 물결, 아이들끼리 주고받는 심리적 자극을 놓치거나 가볍게 여기기도 하는데요. 사실은 교사만 아이들 마음의 변화를 놓치는 것이 아니라 아이들끼리도 서로의 마음을 소중히 여기지 않고 겉에 드러나 보이는 점수에만 매달리고 맙니다. 사람이 아니라 결과를 소중히 여겨 서로 마음이 아픈 일이 자주 일어나게 되고 말지요.

민성이처럼 친구들의 마음을 챙기는 모습을 귀하고 소중하게 여겨 우리 반 구성원들의 마음 에너지가 그런 방향으로 흘러가도록 하려 노력하고 있습니다. 이런 마음씀씀이는 요즘 세상이 떠받드는 성적과는 견줄 수 없는 귀한 것이고 어디 가서 돈 주고도 배워 올 수 없기 때문이지요. 오직 아이들끼리 직접 몸으로 부닥치며 어울리는 과정에서 서로 영향을 주고받으며 깨달아 몸과 마음에 스며드는 것만이 유일한 길입니다.

원반력비 할 때 내가 반칙을 썼다. 근데 선생님이 아니라 하셔서 김상훈이 화가 나서 싸움이 시작되었다. 난 그때부터 '이게 아닌데'라고 생각했다. 난 상훈이가 화를 내자 나도 막 했다. "야! 그거 갖고 그러냐. 와!"라고. '이런 말을 하면 안 되는데'라는 생각이 들었지만 화가 나서 어쩔 수 없었다. 그래서 상훈이도 뭐라고 해서 싸움이 커져서 선생님이 말렸다. 그리고 사과해서 "상훈아! 미안해", "나도 미안해"라고 해서 난 지금까지 상훈이와 아직도 친한 것 같다.

김성준(5월 18일, 금)

성준이와 상훈이 두 아이 모두 자기를 사람들 사이에 강하게 드러
내야만 사는 맛이 나는 특성을 갖고 있어요. 뭐든지 자기가 잘하고
돋보여야 하고 회의든 놀이든 상황을 이끌어가지 않으면 자존심 상
해 견디지 못하고 폭발하고 맙니다. 피구나 원반럭비를 할 때 보면 자
기들이 실수를 하고도 옆에 있는 사람 탓하며 얼굴을 붉히고 소리 지
르며 화내 분위기를 싸하게 만들어요. 심지어 다른 사람과 관계없이
혼자 잘못해서 일이 어그러져도 화를 추스르지 못해요. 혼자 어디 가
서 화를 삭이지 않으면 반 분위기가 완전히 망가져 체육 수업은 물론
다른 수업도 못하게 될 때가 있지요. 이렇게 강한 특성을 가진 둘이
지만 신기하게도 잘 어울려요.

성준이 글에서 "'이런 말을 하면 안 되는데'라는 생각이 들었지만
화가 나서 어쩔 수 없었다"라는 부분에서 보면 이런 성준이의 마음이
엿보입니다. 평소 화가 폭발하는 상황을 겪고 나서 이야기 나누어보
면 그 상황에서 자기 마음을 어떻게 할 수 없다는 겁니다. 화를 마구
내서 주변 사람들을 당황하게 해놓고는 금방 자기 자신의 행동에 대
해 후회하는 거지요. 화나는 순간 화라고 하는 거대한 물결이 성준이
를 휘감고 가버리는 겁니다. 하지만 이날만은 화내면서도 '내가 이러
면 안 되는데.' 하고 스스로를 달래고 있습니다.

이날 둘이 원반럭비를 하다 싸움이 막 시작될 때 담임이 끼어들었는데 성준이가 제게 이런 말을 하더군요.

"선생님, 세수하고 와도 돼요?"

엄청난 변화입니다. '그래. 힘들지? 잘 생각했다.' 하는 느낌이 담긴 따스한 표정으로 그렇게 하라고 고개를 끄덕였는데 그 순간 성준이 눈빛에서 좋은 기운이 살짝 도는 걸 느꼈어요. 이런 일이 있고 몇 시간 뒤 쓴 글이 위에 있는 글입니다.

아이들에게 3월 초부터 말했거든요. 화가 폭발하려고 할 때 그대로 다 드러내지 말고 잠깐 화장실에 가서 세수하거나 산책하고 와도 된다고. 다만 내게 말을 하거나 눈빛을 주고 가라고. 성준이가 그렇게 한 거지요. 화나는 순간 화에 휘말리지 않고 지긋이 바라보는 힘이 생겼다는 걸 보여주는 순간입니다.

성준이 마음 한구석에 어둠이 있다는 느낌이 들어요. 어디서 왔는지는 모르겠지만 이 어둠이 주는 아픔을 스스로 견디어내는 힘을 기를 수 있도록 담임을 포함해 주변 사람들이 믿고 기다리며 다독거려주는 노력이 필요하다는 생각을 했습니다. 이 어둠을 밀어낼 수 있는 밝은 기운을 키워야만 자기 성장에 마음 에너지를 쓸 수 있거든요. 그래서 틈날 때마다 성준이에게 말을 걸고 농담하고 격려해주고 있습니다. 화가 폭발하는 일이 있어도 덜 야단치며 따스한 눈길로 바라보려 노력하면서요.

요즘 들어 아이들과의 관계가 많이 부드러워지고 있어요. 눈빛과

말투에서 그런 기운을 느낄 수 있습니다. 특히 해 온 과제 가운데 잘못된 부분을 이야기해주면 사월까지는 자존심이 상해 들어가면서 발로 땅을 구르거나 의자를 걷어차며 공책을 책상 위에 집어던지기까지 했지만 요즘은 그렇게까지는 않거든요. 아직도 마음이 출렁이는 게 보이기는 하지만 감정과 표정을 관리하려 노력하는 모습이 보여 안쓰럽기까지 합니다.

> (줄임) 저번 원반럭비 때 상훈이와 근수는 단짝을 끊었다. 나는 그런데 상훈이와도 친하고 근수와도 친하다. 오늘은 학교가 끝나고 놀았는데 상훈이도 놀자 하고 근수도 놀자 했다. 그래서 나는 둘의 사이가 좋아지라고 좀 같은 팀을 만들어주려고 했는데 둘이 또 갈라졌다. 그런데 나는 궁금해서 근수에게 상훈이와 왜 단짝을 끊었냐고 물었다. 그랬더니 근수가 "상훈이는 자기 기분 좋을 때만 좋은 말하고 기분 나쁘면 성질을 내서"라고 말했다. 내 생각에도 근수 말이 맞긴 한 것 같다. 그래서 가끔씩 상훈이와 놀기 싫어질 때가 있다. (줄임) 박정원(5월 18일)

성준이 글에도, 정원이 글에도 상훈이가 나옵니다. 상훈이는 감정 오르내림이 너무 심해서 주변 아이들이 힘들어합니다. 강도 3의 자극이 오면 거기에 맞게 강도 3이나 4 정도의 반응을 보여야 하는데 느닷없이 강도 10의 반응을 보이지요. "상훈이 또 그런다", "선생님! 상훈이 뚜껑 열렸어요", "폭발했어요. 아무것도 안 해서 모둠활동이 안 돼요"라는 말이 상훈이 주변에서 많이 들려요. 화가 나면 모든 걸 포기하고 아무것도 안 합니다. 그 화를 견디지 못해 소리 지르며 울기까지 해서 함께 하던 일이 엉망이 되고 말지요. 그런데 이런 상훈이를 강하게 제압하는 힘이 있는데요, 그것은 바로 주변 친구들입니다. 아이들과 어울리다 보면 이런 자기의 모습이 어떤 결과를 가져오고 결국 스스로가 큰 손해와 상처를 입는다는 걸 깨닫게 해주는 건 친구들이거든요.

상훈이의 감정 오르내림에 따라 담임도 감정 오르내림을 겪지만 처음과 달리 요즘은 한 걸음 뒤로 물러서 '지금 상훈이가 화내는 건 나를 향한 것이 아니라 스스로 마음을 밖으로 드러내는 것에 지나지 않는다'라며 스스로를 달래고 상훈이의 감정 상태를 편안하게 받아들이고 이해하려 합니다. 이 순간 담임이 상훈이를 강하게 되받아치면 점점 상훈이란 아이는 성질 못된 아이로 각인될 것이고 상훈이 스스로는 말할 것 없고 우리 반 아이들 모두는 상훈이 마음에 있는 어둠 속으로 빨려 들어가고 말아요. 일단 화난 모습을 아이들 앞에서 있는 그대로 드러나지 않도록 자리를 피하게 해주거나 슬쩍 상훈이 마음을 인정하고 감싸주면서 잠시 하던 과제로부터 벗어나게 해주기도 합니다.

아침 시간에 자주 말을 걸고 농담도 하고 상훈이 관심 사항을 물어보기도 하면서 '나는 늘 네 편이고 네 곁에서 너를 지켜주고 있단다. 너는 괜찮은 놈이야. 그러니 걱정 마'라는 느낌을 주려 노력합니다. 그리고 상훈이의 감정 오르내림 때문에 힘들어하는 아이들에게 이런 말을 합니다.

"상훈이가 화내서 속상하지? 그런데 요즘 상훈이도 화를 덜 내려 노력하고 있는 거 보여? 내가 나중에 상훈이에게 네 기분 전해줄게. 지금은 살짝 기분을 가라앉히면 좋겠다."

이런 말로 상훈이 때문에 겪는 아픔을 감싸줍니다. 핵심은 아이들 앞에서 상훈이의 어둠을 그대로 낱낱이 드러내 보이지 않도록 하면서 마음의 어둠을 밝은 기운으로 눌러주도록 하는 겁니다. 상훈이가 화낼 때마다, 다른 아이들을 아프게 할 때마다 잔소리하고 야단친다면 상훈이가 스스로를 변화시킬 심리적 여유와 시간을 가질 수가 없거든요. 늘 주변 아이들과 선생님으로부터 공격을 받아야 하니까요. 그렇게 기다려주고 스스로 변할 수 있는 기회를 주어 그런지 요즘은 3, 4월보다 눈에 분노가 누그러져 있고 담임과 농담도 하면서 살아가고 있지요.

마무리하며

경기와 놀이에는 개인의 특성이나 기질에 관계없이 냉혹하고 차갑고 쌀쌀맞게 흐르는 규칙의 흐름이 있어요. 이 규칙은 누구에게나 정확하고 가차 없이 적용되는데요, 이 아프고 불편한 규칙을 받아들이지 않으면 놀이와 경기에 참여할 수가 없어요. 못하는 아이에게는 살살 봐줘가며 적용하고 잘하는 아이에게는 조금 더 엄격하게 적용하다가는 판이 깨지거든요. 규칙을 바탕으로 흘러가는 경기와 놀이의 흐름 속에서 온갖 특성을 갖고 있는 아이들이 어떻게 행동하고 반응을 보이며 상호작용을 하는지 살피고 거기에 맞게 자극을 주는 것이 교사의 역할입니다.

그런데 심리적으로 어려움을 겪고 있는 아이일수록 규칙이 무척 불편하고 힘들어서 견디지 못해요. 나에게 공이든 원반이든 자주 오지 않으면 아이들이 나를 따돌린다고 느끼면서 금방 좌절합니다. 싫은 소리를 들으면 경기와 놀이 흐름에서 벗어나 운동장 둘레를 빙빙 돌거나 배 아프다고 보건실을 들락날락거립니다. 때로는 화를 내고 심술부리거나 온갖 잔소리를 하면서 분위기를 어둡게 만들기도 해요. 그러면 또 친구들과 담임으로부터 안 좋은 기운을 받게 되고 결국 어두운 기운이 쌓여 상처가 점점 깊어지고 말지요. 악순환의 고리에서 벗어나는 게 쉽지 않은 어려운 상황에 몰릴 위험마저도 있습니다.

교사는 아이들 사이의 이런 심리적 흐름을 읽어내고 거기에 맞게 반응을 보여야 합니다. 특히 심리적으로 약한 아이들, 정서적 안정감이 부족한 아이들에게 힘을 줘 어려움을 견디어내면서 경기와 놀이 속으로 빠져들도록 섬세하게 변화와 자극을 주어야 해요. 규칙을 바꾸거나 경기와 놀이의 흐름에 변화를 줘야 합니다. 위에서 예를 든 원반럭비에서처럼 여자와 남자로 나누어 하거나 편을 새로 짜 못하는 아이들에게도 기회가 많이 돌아가게 하는 겁니다. 점수에 덜 얽매이고 사람의 마음에 신경 쓰도록 흐름을 바꾸어가고요.

심리적 어려움을 겪고 있는 아이가 화를 내거나 너무 못해 아이들과 다툼이 벌어질 때 그 마음을 알아주고 감싸주며 다른 아이들이 다그치지 않고 기다리도록 흐름과 상황을 만들어가야 합니다. 심리적으로 편안한 아이가 실수했을 때와 똑같은 수준에서 책임을 추궁하고 야단치는 건 피해야 합니다. 특히 아이들이 보는 앞에서 부정적인 표현을 하는 건 피해야 합니다. 또 친구에게 마음 써주는 따스한 모습을 놓치지 않고 잡아내 말과 글로 그 마음이 얼마나 소중한 건지 알려주어야 합니다. 실수해 의기소침해 있는 아이 손을 잡아주며 아이의 마음을 편안하게 해주는 말과 눈빛을 주고요. 때로는 반 아이들 모두 글을 써서 다른 사람도 나와 같은 마음을 갖고 있다는 걸 깨닫도록 해야 합니다.

이런 과정을 거쳐 아이들 마음은 서로 감싸주고 챙겨주어야 한다는 걸 알면서도 실제로 경기와 놀이에 들어가면 순간 늘 하던 대로 거칠게 행동해요. 그럴 땐 슬며시 못하는 친구에게, 혼자 외롭게 있는 친구에게 마음 쓰도록 말, 눈빛, 몸짓을 해주어야 합니다. 더 중요한 것은 한두 번이 아니라 일 년 내내 이런 일을 되풀이해야 한다는 걸 잊으면 안 됩니다. 금방 효과가 나는 게 아니거든요. 이 일은 평생 해야 할 가장 중요한 일이기 때문입니다.

요즘 우리 아이들에게 사람과 어울려 살아가는 공부가 참 많이 부족합니다. 사람과 만나면서 겪는 아픔과 즐거움에 너무 빨리 좌절하고 기뻐하는 흐름이 있어요. 그러기에 놀이와 경기에서 몸을 움직여 서로 부닥치면서 가라앉아 있던 자기 특성을 드러내고 그 과정에서 서로 조절해가는 공부가 필요합니다. 운동능력을 키우는 것만 아니라 아이들 마음의 근육을 키우는 일을 소중히 여겨야 하는 까닭이 여기에 있습니다. 놀이와 경기를 아이들 마음의 흐름과 관계 변화를 읽어내고 북돋아주고 격려하며 성장하고 발달하는 기회로 삼으면 좋겠습니다.

어린이어깨동무 평화교육의 사례와 과제

어린이어깨동무 평화교육의 얼개

'어린이어깨동무'의 처음 이름은 '남북어린이어깨동무'로, 1996년 6월에 '안녕? 친구야!'라는 통일 연습을 시작으로 북 어린이들을 돕는 일을 하면서 평화교육을 펼치고 있다. 어깨동무라는 이름에는 통일시대를 열어갈 남북 어린이들이 신체적으로는 물론 정서적으로 건강하게 성장해야 한다는 소망이 담겨 있다. 또한 남북 어린이들이 서로 이해하고 협력하는 시민으로 성장하여 함께 평화를 만들기를 바라는 바람이 담겨 있다. 대부분의 통일운동이 어른이 중심이 되어 체제의 통합을 추구하는 반면에 어깨동무는 남북 어린이가 중심이 되어 마음의 통합을 이루는 것을 활동의 목표로 삼고 있다.

어깨동무 평화교육의 목적은 남북 어린이들이 서로에 대한 증오와 불신을 줄이고 마음의 통합을 추구하면서 평화와 통일을 실현하는 시민으로 성장하도록 돕는 것이다. 어깨동무는 설립 취지문에서 "통일의 과정과 성패는 무엇보다도 이를 이끌어갈 저력 있는 시민집단의 형성"에 있다고 밝히고 있다. 통일의 과정에서 시민들이 정치권력과 경제권력의 폭력과 억압을 견제할 수 있어야 '좋은 통일'을 이룰 수 있기 때문이다. 또한 어깨동무는 설립 취지문에서 "평화를 사랑하는 마음을 기르게 하고, 창의적이고 성숙한 세계시민으로 성장하도록 돕는 일"을 하자고 제안한다. 어린이들은 통일의 과정에서 더 많은 평화와 정의를 실현할 수 있도록 민주시민으로 성장해야 한다. 시민들이 통일을 주도해야 하고, 그 역량을 기르는 시민교육이 곧 평화교육이며 통일교육이다.[1] 시민들이 주도하는 통일은 분단보다 더 좋은 상태, 인간의 존엄성과 삶의 질이 더 고양되는 좋은 통일이어야 한다. 좋은 통일이 실현해야 하는 좋음, 즉 '공동선common good'이 평화이다. 어깨동무는 시민들이 평화를 공동선으로 추구함으로써 좋은 통일인 평화통일을 이룩할 수 있다고 믿고 평화교육을 펼치고 있다.

마음의 통합을 추구하는 시민으로 성장하기 위해 남과 북의 어린이들이 실제로 만나는 경험이 가장 중요하다. 어깨동무를 통해 남녘 어린이들이 네 차례 걸쳐 북녘을 방문하고 또래 친구들과 만나서 교류했다. 어깨동무는 교류를 준비하면서 그리고 교류의 경험을 담아 교

---

1. 평화교육, 시민교육, 통일교육은 상호 보완의 역할을 하지만 각각의 공통점과 차이점의 구분이 필요하기도 하다. 이에 대한 논의는 뒤에 나오는 평화교육을 다듬기 위한 공동의 과제에서 시도한다.

재를 만들고 교육을 펼치고 있다. 1998년에 평화교육 시범 교안을 만들었고, 자원봉사 대학생들이 초등학교를 찾아가는 '순회 평화교육'을 시작했다. 첫 번째 교재는 2000년 10월에 『남북한 평화공동체를 위한 평화교육』이란 이름으로 냈고, 2001년에 두 번째 교재인 『남북한 평화적 통합의 비전, 평화교육』을 출판하였다. 그 이후에도 남북 어린이들의 만남에 따른 여러 가지 작업이 있었고, 2013년에 그 성과를 한데 모아 초등학교 어린이를 위한 교재 『평화 발자국』을 발간하였다. 교재는 '평화, 우리 삶으로 실천하기', '분단과 전쟁 들여다보기', '북한의 어린이 만나보기', '통일은 어떻게 해야 하나?'로 구성했다. 교실에서 바로 사용할 수 있도록 PPT 자료와 다양한 동영상, 학습지 등을 담았다.

어깨동무는 교육 방식에서 인터넷, 동영상 활용, 교구와 학습지 등 매체 다양화를 시도하고 있다. 교실 학습뿐 아니라 체험 탐사, 공동체 활동, 캠프활동으로 현장을 넓히고 있다. 연극놀이, 공동체놀이, 미술 활동, 상상활동 등으로 평화 경험을 살리는 활동을 다각화하고 있다. 2001년부터 한국과 일본에서 열었던 '남북 어린이와 일본 어린이 그림 마당'도 지속하고 있다. 그림 마당에 참가한 조선학교 어린이들과 일본 어린이들은 평양에 가서 그림을 전시하고 북 어린이들의 그림을 받아 와서 남 어린이들에게 전해주는 방식으로 교류를 이어가고 있다. 2002년에 일본 조선학교 학생과 교사를 초청하여 동아시아 어린이 평화 워크숍의 문을 열었다. 계속 진행되면서 일본 어린이들, 재한 몽골학교 어린이들, 한성 화교소학교 어린이들과 중국 연길지역의 어린이들도 참여하게 되었다. 어릴 때부터 참여하여 시민으로 성장하여 활동하는 생애주기 프로그램으로 어린이들의 '평화지킴이', 청소년들의 '평화이음이', 청년들의 '평화열음이'를 운영하고 있다. '한반도 평화읽기' 포럼과 평화여행에는 시민들이 참여하고 있다.

2014년부터 평화교육 전담 강사로 '평화길라잡이'를 양성하여 교육 역량을 늘리고 있다. 배출된 강사들이 주축이 되어 2015년부터 경기도교육청의 평화교육을 진행하고 있다. 연구를 통해 교육의 수준을 향상시키기 위해 2016년 11월 '평화교육센터'를 열었다. 센터 연구팀은 학교의 평화교육을 개선하는 방향을 다듬고, 널리 쓸 수 있는 교재의 내용을 만들고 있다. 센터에서는 평화 문화를 소통할 수 있도록 '피스레터'를 격월간으로 내고 있다. 2017년까지 총 5만 3,000여 명의 어린이들이 어깨동무 평화교육에 참여하였고, 619명의 어린이와 청년들이 평화지킴이, 이음이, 열음이 프로그램에서 활동했다.

어린이어깨동무 평화교육의 사례[2]

어깨동무가 진행하는 평화교육의 가장 큰 특징은 북녘 사회와 사람을 직접 만나서 오해하고 이해한 경험을 바탕으로 내용을 구성하

---

2. 이 장의 내용 일부는 「어린이어깨동무 15년」의 일부 내용을 수정한 것이다.

는 것이다. 어깨동무는 이런 특징을 살리면서 평화교육의 다양한 이론과 보편적 접근을 분단이라는 구체적 상황에 적용하는 '한반도 평화교육'을 만들어가고 있다. 몇 가지 사례를 들어보자.

남북의 공존과 교류의 필요성을 새롭게 인식하는 데 기여한 '남북 어린이 교류'

어깨동무의 활동 이전 시기에는 어린이들이 교류의 주체였던 적은 없었다. 간혹 예술 교류의 형식을 통해 어린이들이 상대측을 방문한 적은 있지만 '어린이들의 만남' 자체에 의미를 둔 교류는 찾아보기 힘들다. 어깨동무가 어린이 교류에 의미를 부여했던 것은 공존의 대상에 대한 실체를 인정하고 언젠가는 지금 만나지 못하는 친구를 만나고 싶다는 희망을 스스로 키워가는 것이 평화연습이라고 생각했기 때문이다.

평화연습은 '내 얼굴그림 그리기'로 시작되었다. 북녘 친구들에게 자기를 소개하고 궁금한 안부를 묻는 '내 얼굴그림 그리기'를 하면서 어린이들은 자연스럽게 북녘에 또래의 친구가 있다는 것을 인식할 수 있었다. 여기서 한 발 더 나아가 지금은 만날 수 없는 북녘의 친구들을 언젠가는 만나고 싶다는 희망을 스스로 품을 수 있었다. 이렇게 모아진 그림들은 1998년 어깨동무의 첫 번째 방북 때 북녘으로 전달되었고, 북녘 어린이들로부터 답장을 받을 수 있었다.

어깨동무가 평화교육의 최초 프로그램으로 북 친구들에게 보낼 '자기 얼굴 그리기'를 선택한 것은 나름 뜻이 있다. 자기 얼굴 그리기는 자기이해와 자기표현의 과정이며, 이 과정을 통해 이제까지 관심도 가지지 않았던 타자인 북 어린이와 관계를 맺을 수 있게 된다는 것을 인식하는 활동이다. 즉 초보적인 형태이지만 자기표현을 통해 북 어린이들과 친구로 관계 형성이 가능하다는 뜻을 담고 있는 것이다. 그렇지만 글로 편지를 쓰면 막상 무슨 사연을 써야 할지도 막연하고 남북의 문화 차이가 더 두드러지는 내용이 비중을 크게 차지할지도 모른다는 걱정이 들었다. 그래서 남북의 어린이 모두가 서로를 친근하게 여기고 만나기를 기대하게 돕는 것이 자기 얼굴 그림이라는 결론에 이른 것이다.

남녘 어린이가 북녘 어린이에게 보낸
그림편지

북녘 어린이가 남녘 어린이에게 보낸
그림편지

그림으로만 인사를 나누던 남과 북 어린이들은 분단 이후 최초로 2004년 직접 만날 수 있게 되었다. 처음에는 어색해서 서로에게 다가가지 못했지만, 함께 뛰어놀고 춤추고 노래를 부른 후에는 헤어지는 아쉬움에 서로가 보이지 않을 때까지 손을 흔들었다. 북녘을 방문한 어린이들이 실제로 어떠한 것을 느끼고 생각했는지를 어린이들이 직접 쓴 방북기를 통해 생생하게 들어보자.

2004년 1차 어린이 대표단 방북기(일부 발췌)

저는 제4소학교를 갔던 것이 가장 기억에 남습니다. 학교로 이동하면서 저는 북녘 친구들과 만나서 물어볼 말을 적으며 너무 떨렸습니다. 그곳에서 새로운, 아니 처음으로 산별이라는 북녘의 친구를 사귀었습니다. 그 친구와 손을 잡고 동그랗게 모여 춤도 추었습니다. 그 친구와 저는 손을 꼭 잡고 사진도 찍었습니다. 그 친구가 제 이름을 기억하건 못하건 그냥 남측 친구가 생겼다고 기억해주었으면 좋겠습니다. 지금 제가 그 친구의 수줍게 웃는 얼굴을 생생히 기억하는 것처럼 말입니다.

40분이면 충분히 갈 수 있는 거리였습니다. 돌아서 1박 2일을 갈 거리가 결코 아니었습니다. 왜 그렇게 오래 걸렸을까? 그 가까운 곳을 왜 그리 못 갔을까? 멀리 돌아갔을까? 우리는 거리 말고 마음으로 북녘을 먼 곳이라고 생각했을지도 모르겠습니다. 너무 오랜 기간 동안 떨어져 있어서, 한반도에 너무 진하게 선이 그어져 있어서, 우리는 자기도 모르게 먼 곳이라고만 생각했는지도 모릅니다. 이번에 북녘을 가보고, 북녘은 마음으로도 머리로도 먼 곳이 아니었다고, 멀게 생각한 것이 우리 실수였다고 느꼈습니다. 열한 명의 아이들의 작은 출발로 굳게 닫힌 평화의 문이 아주 조금 열린 것 같습니다. 앞으로 많은 어려운 일들을 해 나가야지만 그 문이 활짝 열려 우리 모두가 환한 빛을 볼 수 있을 것이라 생각했습니다.

2004년 6월 분단 이후 처음으로 남녘 어린이들이 북녘에 가서 또래 친구들을 만났다. 만경대학생소년궁전에서 그림과 글을 교환하는 남북 어린이들

지하철에서 만난 남과 북의 어린이들

어린이들이 만나기 전까지는 사실 어깨동무조차 실제로 어떠한 일이 벌어질지 알 수 없어 불안해하기도 했다. 그러나 어린이들이 직접 만나고 교류하는 순간 무관심과 무지가 관심과 이해로 한 발 나아가는 경험을 다 함께 하게 되었다. 어린이들의 경험은 북녘 사회와 사람을 이해하는 창으로서의 역할뿐만 아니라, 남과 북이 만나 공존하기 위해서는 서로를 좀 더 많이 이해하기 위한 노력이 필요하다는 데 대해서도 적지 않은 시사점을 남겨주었다. 다음의 방북 어린이 간담회 내용을 살펴보자.

> **어깨동무 방북 어린이 간담회(일부 발췌)**
>
> 학교에서 통일을 왜 해야 하는지를 수업을 통해 배웠는데, 직접 다녀오고 나니까 교실에서 사진만 보며 생각하는 것보다 더 이해가 잘됐어요. 그리고 다녀오기 전에는 무작정 통일이 필요하다고 생각했는데, 다녀온 후에는 무작정 통일을 해야 한다고 할 것이 아니라 차이가 많이 나는 문화 등을 서로 바꾸어 체험해보며 차근차근 준비해야 한다는 생각이 들었어요.
>
> 2005년 11월 12일 진행

남북의 만남을 경험한 사람들은 만남은 그 무엇보다 중요하지만 만나는 것만으로 모든 문제가 해결되지는 않는다고 이야기한다. 생각보다 다르지 않아 빨리 가까워졌으나, 가까워지고 보니 생각과 행동에서 다른 방식도 부각되어 함께 살기 위해서는 서로 많은 노력을 해야 한다고 한결같이 이야기한다. 이와 같이 어린이들이 북녘을 방문하여 북의 어린이들과 교류한 경험은 당사자와 주변인들에게 그 자체로도 교육의 효과가 충분했지만, 이 같은 경험이 축적된 지금에 와서는 남북 협력의 사례들이 평화교육의 훌륭한 교재가 되어 학교현장 등 다양한 곳에서 활용되고 있다.

분단으로 인한 구조적 폭력을 인지하고 개선을 도모해보는 '평화상상 토론카드'

어깨동무의 경우, 해마다 1만여 명 이상의 어린이와 청소년들을 학교현장에서 만나며 이 같은 경험을 나누고 있다. 이러한 경험을 나누는 평화교육은 일방적인 전달이어서는 안 된다. 참여자들이 스스로 관심을 가지고 참여할 수 있는 공간을 열어두어야 한다. 이를 위해 남과 북의 동질성과 이질성을 접할 수 있는 '문화이해지'를 활용한 역할극, 퀴즈 등의 다양한 방법을 활용해왔다. 여기서 한 발 더 나아가 최근에는 점점 분단구조에 익숙해져가는 어린이와 청소년들이 이러한 사회구조에 관심을 가지고 스스로 고민의 폭을 넓혀가는 데 도움이 될 수 있는 교구를 개발하고 있다.

어깨동무가 최근에 개발한 교구 중 주목해볼 만한 것은 '평화상상 토론카드'이다. 앞으로 좀 더 정교하게 개선할 부분은 있으나, 참여자들 스스로 분단구조의 문제점, 해결 방안을 찾아가는 구조로 설계되었다는 점에서 관심을 가질 만하다. 이 같은 교구를 개발하게 된 가장 큰 이유는 분단을 당연하게 받아들이고 그로 인해 왜곡된 사회의 문제점을 문제로 인식하지 않는 사회 분위기 때문이었다. 특히 현재 10대 청소년들은 4·27 판문점 남북정상회담이 있기 전까지 남북이 평화로운 관계를 맺던 시기에 대한 경험과 교육이 전무하다시피 했다. 또한 극우 편향적인 일부 언론과 매체들의 영향으로 일부 청소년들은 북한을 혐오하는 지경에 이르기까지 했다. 이 같은 상황에서 사실관계만을 확인하는 것은 근본적인 해결 방안이 되지 않는다. 그래서 개발하게 된 것이 '평화상상 토론카드'이다.

'문제발견' 카드 16종과 '평화상상' 카드 16종으로 구성된 이 교구는 육각형 모양의 카드를 이용해 분단의 문제점에 대해 알아보고, 이를 평화적인 방법으로 해결해보는 것이 기본 구조이다. 이 과정을 통해서 참여자들이 기존에 가지고 있던 '분단문제'에 대한 고정관념을 깨면서 새로운 방향의 '평화상상'을 해보는 기회를 가지는 것이 개발 의도이다. 두 종류의 카드 모두에 빈 카드를 넣어 참여자들의 고유한 생각을 적을 수 있게 한 부분은 열린 프로그램의 특징이다. 이 교구 활동은 개인 혹은 모둠이 진행할 수 있다. 여기서는 학교현장에서 가장 흔하게 활용되는 4인 모둠활동을 기준으로 설명한다.

카드를 활용하는 순서에 따라 짚어볼 문제를 하나씩 이야기해보자. 첫 번째로 문제발견 카드를 살펴보는 단계가 시작이다. 카드를 펼쳐놓고 자유롭게 내용을 파악한다. 여기서의 핵심은 평소에 분단과 연결해서 생각하지 않았던 다양한 문제를 분단과 연결해서 생각해보는 것이다. 예를 들면 아래 예시 카드의 내용과 같이 '서로 특별한 이유 없이 미워한다', '함께 살기보다는 내가 이기는 것이 중요하다고 생각한다', '서로에 대해 잘못된 편견을 가지고 있다' 등과 같은 문제의 경우 비단 분단의 문제로 국한되는 것은 아니지만, 분단사회이기 때문에 강화되어온 구조적 문제점들이다. 이 같은 문제를 분단과 연결지어 어린이 스스로 특별한 이유 없이 북한과 북한 사람을 미워하지는 않았는지, 혹시 북한 사람과 함께 살기보다는 남한만 잘 사는 것이 더 중요하다고 생각하지는 않았는지에 대해 생각해볼 수 있는 기회를 갖게 된다.

두 번째는 해결하고자 하는 분단의 문제를 결정하는 단계이다. 문제발견 카드 중 개개인이 해결하고자 하는 분단의 문제를 한두 개씩 고른다. 고른 카드는 유사한 문제를 더 가까이 배치하는 방식으로 아

래의 예시와 같이 배치한다. 좌측 상단에 있는 카드 세 개의 경우 전쟁의 위험, 군대, 국방비와 같이 쉽게 그 연관관계를 파악할 수 있는 예시이다. 우측 하단에 있는 네 개의 카드의 경우, 조금 더 생각해보아야 할 분단의 문제점들이다. 분단으로 인해 말이 통하지 않는 문제와 문화가 달라지는 문제는 평소에도 비교적 쉽게 생각할 수 있는 분단의 문제점이다. 하지만 이 같은 문제가 미움과 편견으로 연결된다

는 것은 한 발 더 들어가보아야 하는 문제이다. 이러한 문제점들을 그 연관 정도에 따라 육각형 카드의 특징을 살려 한 면, 혹은 두세 면씩 붙여서 놓을 수 있다. 이렇게 배치하는 과정을 통해 문제와 문제의 연관성에 대해 다각도로 생각해보는 것이 두 번째 단계의 핵심이다.

세 번째는 평화상상 카드를 살펴보는 단계이다. 첫 번째 단계와 동일하게 평화상상 카드를 펼쳐놓고 자유롭게 살펴본다. 여기서는 우리보다 앞서 통일 혹은 평화 프로세스를 경험한 나라들의 실제 경험을 자연스럽게 알아가거나, 조금은 황당할 수 있지만 평화적 상상력을 자극할 수 있는 상식을 깨는 카드를 접해보는 것이 주요한 핵심이다. 아래 예시를 살펴보자. 남북한과 주변 국가가 평화의 약속을 하거나 남북이 방송을 함께 시청하는 방법은 이미 다른 나라에서 시도된 바가 있는 방법들이다. 그러나 우리의 경우 이러한 것들이 현실화된 적이 없어 시도해볼 만한 방법들이다. 마지막에 있는 '함께 아이돌 그룹을 만든다' 카드의 경우, 최근 다양한 국적의 멤버들이 아이돌 그룹으로 함께 활동하며 여러 나라에서 동시에 호응을 얻고 있는 것에 착안

해 남북 사이에도 이러한 자연스러운 문화 교류의 가능성을 열어보는 아이디어이다. 또한 분단문제에 가장 관심이 없는 세대가 가장 관심을 가지는 영역이 엔터테인먼트라는 점에 집중해 개발한 카드로 실제 활동에서도 10대들이 관심을 많이 보이는 카드이다.

또한 이 단계에서 한 가지 더 짚고 가는 부분이 있다. 그것은 '평화적' 해결의 '원칙'에 대한 것이다. 아래와 같이 다툼이 생겼을 때 대화로 문제를 해결하는 부분이나, 이웃이 어려울 때 돕는 것은 상식과도 같은 이야기이지만, 한반도에서 북한 문제를 이야기할 때만큼은 이상하리만치 원칙에서 밀려나는 내용이기도 하다. 따라서 카드에 이 같은 내용을 넣음으로써 남북 관계의 문제 해결 과정에서 지나치게 비대해진 특수성 대신 보편성의 자리를 찾고자 했다. 또한 이 원칙들은 실제 생활 속에서 어린이와 청소년들이 평화를 실천할 수 있는 현실적 방안으로 연결될 수 있다는 특징을 지닌다. 다툼을 대화로 풀거나, 이웃이 어려울 때 돕는 것은 우리의 일상에 가장 가까이 접해 있는 평화의 원칙이기 때문이다.

네 번째는 지금까지의 과정을 총망라하는 단계로, 두 번째 단계에서 해결하고자 했던 분단의 문제를 평화상상 카드를 활용해 해결해 보는 단계이다. 여기서의 핵심은 문제도 해결 방법도 서로 연관되어 있으며 1:1의 관계가 아니라 다ᯰ:다ᯰ의 복합적인 관계라는 것을 이해하고 문제 해결에 활용하는 것이다. 예를 들어보자.

위의 예시와 같이 국방비의 부담과 전쟁의 위험은 무기를 줄이는 방법과 함께 주변 국가와 평화의 약속을 통해 문제를 해결할 수 있다. 또한 평화의 약속의 경우, 그 외에도 다양한 문제를 풀 수 있는 제반 조건을 형성해준다. 또한 '남북이 서로 방송을 시청할 수 있게 한다' 카드는 '말이 잘 안 통한다', '남북의 문화가 점점 달라지고 있다' 등의 문제와 함께 '서로에 대해 잘못된 편견을 가지고 있다' 문제도 동시에 풀 수 있는 해결 방안이다. 또한 이 문제들은 아이돌 그룹을 함께 만들거나 학교에서 평화통일 공부를 하는 방법으로도 풀 수 있다. 이와 같이 한 가지 문제도 여러 가지 방법으로 풀 수 있고, 한 가지 방법이 여러 가지 문제를 동시에 해결하기도 한다. 분단의 문제는 문제와 해결이 서로 연관되어 있음을 육각형 카드의 장점인 여섯 변 모두 동등하게 연결될 수 있다는 특징을 이용해 가시적으로 보여주는 것이 이 교구의 가장 큰 매력이다.

'평화상상 토론카드'의 경우, 카드를 배열하는 과정과 그 안에서의 토론만으로도 완결적인 활동으로 볼 수 있다. 하지만 추가 활동을 통해 상상을 좀 더 구체화할 수도 있다. 대체로 학교현장에서 가장 자주 사용하는 마무리 활동은 '평화상상법'을 만드는 활동이다. 아래의 활동지 예시와 같이 모둠에서 평화법으로 만들고자 하는 분단의 문제와 해결 방법을 고르고, 해결 방안을 좀 더 구체적으로 상상해보는 과정을 한 번 더 거치는 것이다. 이 과정을 통해 누군가는 분단구조를 변형하기 위한 아이디어를, 누군가는 매우 구체적인 실천 방안을, 또 다른 누군가는 불가능할 수 있지만 평화적 상상력을 자극할 수 있는 아이디어를 내놓을 수 있다.

앞에서 살펴본 '평화상상 토론카드'는 학교교육, 사회매체, 대중문화 등을 통해 당연하다고 받아들이고 있는 분단이라는 구조적 폭력이 당연한 것이 아님을 알 수 있는 기회를 만드는 것이 첫 번째 목표이다. 더 나아가 이 같은 구조적 폭력을 초래하는 분단의 문제를 어떻게 해결할 수 있을까를 고민하는 시작점이 되는 것이 두 번째 목표이다. 시간과 공간의 제약으로 이러한 고민을 충분히 풀어내고 있지 못한 아쉬움이 있어, 이를 학교현장에서 선생님들이 폭넓게 활용해주시길 바란다.

2018년 '평화상상 토론카드'를 활용한 학교 평화교육 모습

평화의 덕목을 실천하는 터전으로서의 작은 공동체 '피스리더',
'동아시아 평화 워크숍'

어깨동무는 앞에서 살펴본 것과 같이 학교현장을 방문하며 많은
어린이들을 폭넓게 만나는 동시에 일상적인 실천을 함께하지 못하는
한계를 극복하기 위해 작은 공동체를 만들어 긴 호흡을 함께하는 활
동도 지속해왔다. 생애주기별로 어린이, 청소년, 청년들의 동아리를
만들어 일상적으로 평화를 고민하고 실천할 수 있는 장을 만들어 활
동해온 것이다.

이 같은 활동은 어깨동무 평화교육의 지향과 맥이 닿아 있다. 어깨

2013년 도라산역을 찾은 평화지킴이

동무의 평화교육은 나 자신, 우리 사회를 성찰하는 과정을 통해 남북, 지구촌, 환경과의 관계를 바라보는 시각을 형성하도록 돕는다. 이를 바탕으로 참여자들이 서로의 다름을 이해하고, 존중함으로써 더불어 살아가는 능력을 지닌 시민으로 성장하는 것을 목표로 한다. 이렇게 성장한 피스리더들이 스스로 평화를 실천하고, 그 방법을 주변과 함께 찾고 공유하는 일상을 살아가는 것이 어깨동무 평화교육의 목표인 것이다.

어깨동무는 이러한 피스리더들과 함께 성장하고자 한다. 어깨동무의 작은 공동체 평화활동은 누구도 가르치는 대상-가르침을 받는 대상이 아닌 서로가 서로에게 좋은 선생이고, 친구가 되는 관계를 통해 서로가 서로의 성장에 도움을 주는 역할을 하는 것을 지향한다. 그러기 위해 일상에서 평화를 느끼고, 체험하고, 실천하기 위한 다양한 장과 프로그램을 마련하고자 노력해왔다. 지난 20년간의 활동을 짧게나마 만나보자.

어깨동무가 처음으로 조직한 작은 공동체는 청년모임 '평화열음이'였다. 1996년 '안녕? 친구야' 캠페인 때부터 자원봉사 모임으로 출발한 열음이는 1998년부터 본격적으로 조직화에 대해 고민하기 시작했다. 그 이후 열음이는 자기가 선 자리에서 어깨동무 평화운동을 고민하고, 보다 넓은 시각에서 평화운동에 접근하기 위해 평화강좌, 평화캠프, 평화 세미나 등 교육 프로그램을 진행했다. 또한 어깨동무 평화교육문화사업에 교사로 참여하면서 어린이들과 평화를 이야기하는 멘토 역할을 담당해왔다. 이처럼 열음이는 어깨동무 구조 안에서 사업 진행의 중심적인 역할을 담당했을 뿐만 아니라 평화운동의 실천가로서 자기성찰과 개발을 끊임없이 해왔다. 그러나 청년들의 취업난 등 사회적 분위기 속에서 현재는 그 활동이 대폭 축소되어 어린이 캠프의 교사 역할을 중심으로 활동하고 있다.

두 번째로 만들어진 모임은 어린이를 대상으로 하는 '평화지킴이'이다. 어린이 모임의 경우 처음에는 남북 어린이 교류를 위해 준비가 필요하다는 취지에서 구성되었다. 하지만 남북 교류 외에 일상에서 평화씨앗으로서 역할을 할 수 있는 어린이 코어멤버를 성장시키는 것도 중요하다고 판단하여 모임의 성격이 발전하였다. 그래서 해마다 평화지킴이를 선발하여 1년 상시 프로그램으로 2003년부터 2013년까지 운영하였다. 평화지킴이 과정을 마친 어린이들은 어깨동무의 다양한 대외활동(방북, 국제교류 사업)에 어린이 대표단으로 참여해왔다.

마지막으로 만들어진 모임은 청소년을 대상으로 하는 '평화이음이'이다. 평화지킴이가 100여 명이 넘고 청소년층의 수가 증가하면서 청소년 단계에서의 교육이 필요하다는 요구와 함께 청소년들의 대외활동이 활발해진 시기와 맞물려 결성할 수 있었다. 평화이음이는 평화지킴이와는 달리 생애주기에 맞게 자율성과 실천성을 강조하는 특징을 지녔다. 평화지킴이가 어깨동무에서 제공하는 프로그램 안에서 스스로를 되돌아보는 활동을 통해 평화 감수성을 향상하는 과정이라면, 평화이음이는 해마다 스스로 수행할 프로젝트의 주제와 활동 내용을 정하고 진행하는 실천적인 과정이었다. 평화이음이는 2010년부터 2016년까지 진행되면서 또래 집단에 대한 설문, 피스북(평화 브로셔) 제작, 평화놀이 연구 및 다양한 평화 실천활동을 해왔다.

이러한 어깨동무의 작은 공동체 사업은 국내에 머무르지 않았다. 동아시아의 어린이들을 만나 평화로운 공존을 희망하며 서로의 다름을 이해하고, 존중하는 태도를 연습하는 '동아시아 평화 워크숍'을 통해 지역을 확대했다. 이 활동도 국내에서의 작은 공동체 활동과 마찬가지로 지시적이고 구체적인 메시지를 전달하기보다는 어린이들이 몸

2014년 일본군 위안부 문제 해결을 위한 정기 수요시위에 참여하고 있는 평화이음이

2010년 동아시아 평화 워크숍에 참가한 어린이들

으로 부대끼며 느끼는 공동체 활동 중심의 교류 프로그램으로 구성했다. 특히 교류의 범위를 남, 북, 일본, 몽골, 대만, 중국, 러시아 등 동아시아 전역으로 확대하면서 그 지역의 어린이와 지역 내 동포 어린이들 간의 문화 교류 프로그램으로 사업의 정체성을 규정한 것은 의미 있는 일이었다. 워크숍 현장에 북한과 조선학교 친구들이 참여하지 못하는 상황을 안타깝게 생각하고, 분단의 문제를 직접 피부로 느끼는 계기가 되었기 때문이다. 조선학교 친구들이 참여하게 되더라도 교류를 통해 어린이들이 분단의 피해가 한반도에 국한된 상황이 아니라 재외동포들의 삶에도 영향을 미치고 있음을 알 수 있는 계기가 되었다. 이와 같이 동아시아 평화 워크숍은 어린이들의 눈을 나로부터 시작해 남북을 넘어 동아시아로 넓히는 계기를 마련했으며 그 안에서의 평화로운 공존을 고민할 수 있는 토대를 구성했다. 동아시아 평화 워크숍은 여러 해 동안 우여곡절을 겪으면서도 현재까지 지속되고 있다. 어깨동무는 작은 공동체 평화활동을 통해 평화의 덕목을 체화함으로써 평화라는 공동선을 증진하는 데 기여하는 시민으로 성장하는 길에 함께해오고 있다.

평화교육을 다듬기 위한 공동의 과제[3]

이제까지 살펴본 어깨동무 평화교육의 방향과 사례와 연관하여 앞으로 더 다듬어야 할 과제를 몇 가지 제시한다. 이런 과제들을 검토하고 다른 과제들을 추가하는 일은 평화교육을 하는 사람들이 공동으로 이루어나가야 할 것이다.

---

3. 이 장의 내용 일부는 2016년 11월 4일에 열린 어린이어깨동무 평화교육센터 개원 기념 심포지엄 '한반도 평화교육의 길을 찾다'에서 저자가 발표한 「사회 통합과 통일의 공동선을 실현하는 평화교육」의 일부 내용을 수정한 것이다.

평화교육, 통일교육, 시민교육의 갈등과 수렴

분단 극복을 위한 학습으로 평화교육, 시민교육, 통일교육을 꼽을 수 있다. 평화교육, 시민교육, 통일교육은 시민단체들이 시행하기도 하고, 제7차 국가교육과정에 별도의 교과는 아니어도 관련 내용이 담겨 있다. 통일교육의 경우 국가가 「통일교육지원법」을 제정하여 사회교육과 학교교육으로 특별히 힘쓰고 있다. 평화교육, 시민교육, 통일교육은 따로 시행되고 있지만 상호 보완의 역할을 하는 것으로 인식되고 있고 실제로 그런 효과를 관찰할 수 있다. 그러나 각 교육의 고유한 목적을 검토해 서로의 공통점과 차이점을 구분함으로써 충돌의 소지를 파악하고 협업의 방안을 정리할 필요가 있다. 그런 점에서 이 책의 앞부분에 실린 정용민의 글 「평화시대를 여는 통일교육, 시민성교육이 필요하다」는 매우 유용하다. 더 논의가 진전되기를 기대하면서 우선 몇 가지 쟁점을 제시할 수 있겠다.

시민교육과 평화교육은 어떤 사회에서도 시행될 수 있는 반면 통일교육은 한반도처럼 분단되고 분열된 사회에서만 시행되는 교육이다. 한반도의 시민교육의 내용에는 많은 사회가 채택하는 '보편적'인 내용에 더하여 평화교육과 통일교육이 포함될 수 있다. 그런데 정치적 입장에 따라 시민교육이 지향하는 시민의 모습과 가치가 달라진다. 한 예로 자유주의적 시민과 공동체적 시민은 각각 추구하는 가치가 갈등할 수 있다. 평화교육과 통일교육의 내용도 충돌할 수 있다. 평화교육이 한반도의 미래에 관하여 다원적 입장을 취하면 획일화의 우려가 있는 통일담론을 지지하지 않을 수 있다. 어떤 형태의 통일이든 '통일'이라는 말 자체는 단일화와 획일화의 경향을 담고 있어서 폭력과 억압을 초래할 수 있다고 여겨지기 때문이다. 반면에 극우적 입장을 택하는 통일교육은 안보를 위협하거나 자신들이 지지하는 형태의 시장자유주의를 교란할 소지가 있는 평화담론을 지양하고 힘에 의한 흡수통일을 지지할 수 있다. 「통일교육지원법」 제2조는 통일교육을 "자유민주주의에 대한 신념과 민족공동체의식 및 건전한 안보관을 바탕으로 통일을 이룩하는 데 필요한 가치관과 태도를 기르도록 하기 위한 교육"이라고 정의한다. 여기에서 제시된 '자유민주주의에 대한 신념', '민족공동체의식', '건전한 안보관'은 모두 논란의 소지가 크고 공론과 합의가 필요한 개념들이다. 지난 시기의 보수정권들은 공론을 회피하고 극우적 입장을 채택하여 통일교육을 안보교육, 반공교육, 나라사랑교육으로 대체하여 '반통일교육'으로 변질시켰다. 시민교육, 평화교육, 통일교육의 잠재적 갈등을 줄이면서 그 방향을 수렴할 수 있는 공론이 필요하다. 그런 점에서 시민교육, 평화교육, 통일교육의 가장 중요한 역할은 다양한 사회적 가치들을 소통하고 수렴하는 장을 마련하는 것으로 보인다.

사회 통합과 삶의 질 향상에 기여
남녘 사회 안에서 공존과 상생의 여건이 조성되어야 북과 교류하고 공존할 수 있는 사회적 관심과 역량이 커진다. 판문점 정상회담 이후 분위기가 달라졌지만 젊은 세대는 기성세대에 비해 남북 대화와 공존에 대한 관심이 적은 것으로 보인다. 그 이유는 북을 위협으로 인식하는 경향과 더불어 자신들의 삶의 질이 악화되고 있는 데서 찾을 수 있다. 삶이 핍박해지면 각자도생의 길로 뿔뿔이 흩어지게 되고, 사회 내는 물론 북과 공존하고 상생하는 데 관심을 가질 겨를이 없게 될 것이다. 정치력과 경제력이 상생의 여건에 큰 영향을 미치지만 사람들끼리 상생 관계를 맺고자 하는 자발적 요인도 큰 변수로 작용한다. 그러므로 평화교육은 협력과 상생의 관계를 증진하는 데 개입해야 한다.

경제협력개발기구OECD가 격년으로 발표하는 '2016 사회지표Society at a Glance'를 보면, 남녘 사회는 기본적 삶의 질을 나타내는 지표가 매우 나쁘다. 출산율, 노인 빈곤율, 국내총생산GDP 대비 복지지출, 자살률 등은 여전히 최악의 상태에서 벗어나지 못하고 있다. 그런 상태도 물론 걱정이지만 사회 통합의 상태가 더 큰 걱정이다. '사회 통합성' 지표는 구성원들이 사회에 갖는 귀속감을 평가하며, 평가 점수가 낮은 만큼 자신이 사회에서 배제되고 있다고 인식하는 구성원들이 많다는 것을 의미한다.강신욱, 2010 사회 통합 지표에서 삶의 만족도는 조사 대상국 중 가장 낮은 편으로 나타나고, 미래가 불안하다는 비율은 가장 높은 편으로 나타났으며, 50대의 고립감은 최하위를 기록했다.[4] 타인 신뢰도는 하위권을 밑돌았고, 사회관계 신뢰도와 정부 신뢰도는 최하위권에 머물렀다. 사회 통합성 지표의 대부분이 최악과 취약 수준에 머무르고 있다는 것은, 우리 사회의 시민들이 자신의 존재감을 인정받지 못하고 있다고 인식하고 그 결과 사회관계와 정부를 신뢰할 수 없다고 인식하는 비율이 높다는 것을 의미한다. 문재인 정부가 들어서면서 통합의 분위기가 조성되는 것으로 보였으나 최근 소득주도성장 정책, 최저임금제, 부동산 대책 등을 둘러싸고 다시 갈등이 불거지고 있다.

어린이들의 삶의 질도 열악한 상태에 처해 있기는 마찬가지이다. 한국보건사회연구원[2014]이 한국 아동의 주관적 웰빙 수준을 국제아동기금UNICEF의 30개국과 비교한 결과를 보면, 삶에 만족하는 비율과 학업 스트레스를 느끼는 비율은 30개국 중 최악이고, 학교생활에 만족하는 비율은 26위로 나타났다. 이러한 불만과 불안이 청소년 자살률이 높은 원인이 될 것이다. 최근 자주 일어나고 있는 부모들의 자녀 폭력과 살해 그리고 어린이집에서 발생하는 폭력과 사망사고는 어린이들의 생존과 성장 또한 위기에 처해 있다는 경고의 하나이다.

타인, 사회관계, 정부에 대한 신뢰가 현저하게 낮은 상태에서 북과 신뢰관계를 시도하기 어렵다. 생존과 사회 통합의 기본 조건이 위협받는 상황에서 남북 대화와 공존에 의욕을 갖기 어렵다. 현재의 삶이 형편없고 미래에도 희망이 별로 없으므로 좌절감과 무기력이 팽배해지면 폭력으로 문제를 해결하려는 충동이 불거지기 마련이다. 정치경

---

4. 지표에서 조사 대상국들의 평균을 유지하는 범죄율과 통계 처리가 논란이 되는 투표율은 제외하였음.

제구조가 개선되어야 삶의 질이 향상될 수 있지만, 사회 통합의 심리적 조건들은 평화교육이 관심을 가져야 할 영역이며 노력하는 만큼 변화될 수 있다. 평화교육은 어린이들과 청소년들의 불안과 좌절감을 치유해야 한다. 신뢰와 희망을 체험하게 하고 존재감을 증진시켜야 한다. 더 근본적으로는 참여자들이 정치경제구조를 개혁하는 시민 역량을 기르는 데 평화교육이 힘써야 한다. 많은 연구들이 비슷한 수준의 경제력을 보유한 국가들끼리의 비교를 통해 경제력이 모든 것을 지배하는 것이 아니라 시민 역량이 삶의 질을 결정하는 데 더 큰 역할을 하는 요인이라고 보고하고 있다.[Nussbaum, 2015] 평화교육은 사회 변혁을 위한 시민 역량을 육성하는 데 주력하여 남북의 공존에 지렛대 역할을 하는 사회 통합을 증진하도록 노력해야 한다.

문화적 폭력의 감소와 구조적 평화 증진에 기여

사회 통합의 수준이 낮아서 자신이 사회의 구성원으로 존중받는 정도가 낮아지게 되면 문화적 폭력이 증식하기 쉽다. 사회에서 구성원으로서의 자격과 권리를 존중받지 못하면 착취와 억압에 취약해지고, 그 당사자 또한 합리적 방식으로 행동하기 어렵게 된다. 구성원으로서의 자격과 권리를 인정하지 않고 차별하고 무시하는 것은 문화적 폭력에 해당되며, 이를 빌미로 정치경제 영역에서 착취하고 억압하는 것은 구조적 폭력 혹은 간접적 폭력으로 규정된다. 문화적 폭력은 학교교육, 사회매체, 대중문화, 예술, 종교 등을 통해 구조적 폭력을 정당화하는 기능을 한다. 평화연구들Galtung, 2000: 19-20은 문화적 폭력이 구조적 폭력(간접적 폭력)을 매개로 하여 무력에 의한 문제 해결이나 군사적 폭력 같은 직접적 폭력을 촉발한다고 지적한다. 또한 이러한 폭력의 고리는 문화적 폭력을 감소하여 끊을 수 있다고 적시한다. 평화교육은 교육 참여자들이 자신이 저지르는 문화적 폭력을 인지하고 인정과 존중의 관계를 향해 노력하도록 장려해야 한다. 또한 참여자들이 구조적 폭력을 초래하는 체제 개선을 요구할 수 있는 시민 역량을 갖추도록 하여 구조적 폭력을 줄여나가야 한다.

어깨동무의 평화교육은 앞의 사례에서 알 수 있는 것처럼 참여자들이 문화적 폭력을 일상에서 감소할 수 있는 방안을 모색하게 하는 데 주력하였다. 문화적 폭력에 초점을 두는 이유는 그것으로부터 대부분의 폭력이 번식한다는 연구의 성과를 참조하는 한편 구조적 폭력과 직접적 폭력보다는 교육을 통한 변화 가능성이 더 높기 때문이다. 특히 문화적 폭력은 검토와 성찰을 거치지 않고 부당한 편견을 수용함으로써 발생하기 쉽다는 것에 착안하여 자기이해와 자기성찰을 강조하였다.이기범, 2002 참여자들이 자기 안의 차별과 편견을 인식할 수 있는 계기를 제공하고, 타인을 존중하는 태도와 능력을 개발하는 과정이 가장 중요하다고 인식하였다. 자기 안에 잠재한 폭력을 인식하는 것에서 더 나아가서 "차이를 인식하고 그 차이를 조정하는 과정에서 학습자들은 더 개방적이고 건설적인 자기이해와 타인에 대한 이해를 할 수 있을 것"이라고 기대하고 그에 적합한 활동을 기획하였다.^{어린이어깨동무, 2000: 8} 그리고 더 타당한 자기이해와 타자이해가 가능한 만큼, 상대를 비판하기보다 상대를 존중하는 가운데 소통하고 상생할 수 있는 다양한 가능성을 찾도록 장려하였다.

이러한 방향을 가다듬어 사회 통합이 저하되고 문화적 폭력이 증가되는 현상을 설명하는 이론을 모색하고, 그 이론에 터하여 더 정교하고 즐거운 교육 방안을 구상해야 할 것이다. 즉, 현상을 보는 데 그치지 말고 현상의 원인을 진단해야 치료 방안을 찾을 수 있다는 이치이다. 예를 들면 한국 사회의 치열한 경쟁을 그 원인으로 지목하는 단순한 관점에서 더 나아가, 그 저변에 과다한 '인정투쟁'이 작동하고 있다는 설명을 참고할 수 있겠다. 인정투쟁 이론은 한국 사회에서는 타인의 인정을 통해 자신의 존재를 확인하는 경향이 강하며, 더 인정받기 위해 한편으로 자신에 대한 과시, 허식, 위선 등의 행태가 나타나고 다른 한편으로는 타인에 대한 무시, 차별, 배제 등의 행태가 나타난다고 주장한다.^{이기범, 2016: 39-43; 장은주, 2008} 명품을 유난히 탐하거나 SNS에서 '좋아요'를 갈망하는 모습들, '일베' 등에서 보이는 차별적 언동을 그런 예로 들 수 있겠다. 이러한 이론을 활용하여 인정투쟁을 개인적·사회적 차원에서 진정시키며, 자신의 진정한 모습을 찾고 일상의 평화를 회복하여 문화적 폭력을 줄여나갈 수 있는 학습활동을 넓혀가야겠다.

평화의 덕목을 실천하는 작은 공동체 확산

문화적 폭력을 줄이면서 대화하고 상생할 수 있는 역량을 함양하기 위해 평화라는 공동선에 관련된 덕목들을 어릴 때부터 일상에서 실천하고 습관화하도록 격려해야 한다. 필요한 덕목들은 이미 언급된 인정, 존중, 신뢰 외에도 관심, 감사, 관용, 인내 등이 있을 것이다. 이러한 덕목들을 추출하여 실천할 수 있는 활동을 설계해야 할 것이다. 평화의 덕목들은 지식으로 습득하는 것이 아니라 지속적 실천을 통해 그 유용함을 체감하며 체화해야 한다. 평화에 관한 지식을 아는 사람이 아니라 평화를 실천하고 체험을 시도하는 사람이 평화 덕목을 익힐 수 있다.

개인 차원에서 평화 덕목들을 실천하여 문화적 폭력을 감소하는 것에서 더 나아가 공동 차원에서 사회제도를 더 정의롭게 만드는 데 참여하여 구조적 평화를 증진하는 경험이 활발해져야 한다. 사회 통합이 약화되거나 문화적 폭력이 악화되는 현상 그리고 앞에서 예로 든 인정투쟁이 격화되는 추세의 개선은 개인의 노력만으로는 한계가 있고 사회제도의 변화로 가능하기 때문이다. 과다한 인정투쟁이 일상의 평화를 깨트린다고 할 때 그것을 심리적 처방뿐 아니라 사회구조의 변혁을 통해 감소시키는 방안을 참여자들이 공동으로 찾도록 장려해야 한다. 학급, 학교, 지역사회 그리고 관련된 법과 제도에서 모순을 찾아내고 그것을 바꾸려는 공동의 시도는 어린 나이에도 가능하다. 예를 들면 어린이들이 국가인권위원회에 색연필의 색 이름인 '살

색'이 차별의 소지가 있다고 개선을 요구하여 '살구색'으로 바뀐 사례, 학생이 아닌 청소년에게 교통요금을 할인해주지 않는 차별을 시정한 사례 등이 있다. 어깨동무에서도 어린이들이 교황, 미국 대통령 등의 지도자에게 한반도 평화를 호소하는 글을 쓴 사례가 있다.

평화교육은 모둠의 형태 등으로 작은 공동체를 만들어 어린이들이 덕목 실천과 제도 변화의 보람을 함께 경험하도록 도와야 한다. 덕목의 지속적 실천은 혼자 하기 어렵고 몇 번의 프로그램으로 습관화되기도 어렵다. 그래서 어린이들이 작은 실천 공동체를 함께 만들어야 하고 그 공동체 안에서 스스로 시행착오를 겪으면서 협력적으로 평화의 결실을 키워나가도록 장려해야 한다. 어린이들이 작은 제도일지라도 그 변화를 경험하고 서로 응원하면서 변화를 확산시켜가면, 그 과정이 역량 있는 시민으로 성장하는 과정이 된다. 일상에서 작은 변화를 체험한 어린이들이 사회에서 큰 변화에 도전할 수 있으며, 그런 의미에서 작은 공동체는 시민사회의 터전이 된다.

앞의 사례에서 설명한 대로 어깨동무는 국내에서는 '평화지킴이' 모임을 통해, 동북아시아에서는 평화 워크숍을 통해 작은 공동체를 늘리는 일을 해왔다. 초기 지킴이들은 이제 사회인으로 성장하여 후배 어린이들의 멘토 역할도 하고 후원금도 보탠다. 이런 시도가 더 확산되기를 기대한다. 어린이들은 작은 공동체에서 평화의 덕목들을 체화함으로써 평화를 저해하는 문화적, 구조적 폭력의 감소를 위한 공동의 노력에 참여할 수 있게 된다. 평화라는 공동선을 증진하는 데 기여하는 시민으로 성장하기 위해 작은 공동체에 지속적으로 참여하는 체험이 매우 중요하다.

참고 문헌

- 강신욱(2010). 「OECD 사회 통합지표(Social Cohesion Indicator)의 이해」.『보건복지포럼』167호, 122-127.
- 어린이어깨동무(2000).『남북한 평화공동체를 위한 평화교육』.
- 어린이어깨동무(2001).『남북한 평화적 통합의 비전, 평화교육』.
- 어린이어깨동무(2012). 「어린이어깨동무 15년」.
- 이기범(2002). 「한반도 평화운동과 평화교육」. 하영선 편. 『21세기 평화학』, 489-518. 서울: 풀빛.
- 이기범(2016).『루소의 '에밀' 읽기』. 서울: 세창미디어.
- 장은주(2008). 「상처 입은 삶의 빗나간 인정투쟁」.『사회비평』39호, 14-34.
- 한국보건사회연구원(2014).『한국 아동의 주관적 웰빙 수준과 정책과제』.
- Galtung, J.(2000).『평화적 수단에 의한 평화』. 강종일 외 옮김. 서울: 들녘.
- OECD(2016). Society at a Glance 2016: OECD Social Indicators. https://www.oecd-ilibrary.org/docserver/9789264261488-en.pdf?expires=1535895135&id=id&accname=guest&checksum=957866C049F5155B6494B30C9397EFF5
- Nussbaum, M. C.(2015).『역량의 창조-인간다운 삶에는 무엇이 필요한가?』. 한상연 옮김. 파주: 돌베개.

이기범

맺는 글을 쓰던 중 지난 9월 18일부터 20일까지 평양에서 열린 남북 정상회담에 대통령 특별수행원으로 참가하게 되었습니다. 두 정상은 공동선언문을 발표하여 남북 협력과 비핵화를 더 진전시킬 것을 다짐하였습니다. 많은 전문가들이 합의 내용을 여러 각도에서 평가하였으므로, 이제 평화교육에 관련된 몇 가지 생각을 나누면서 맺는 글을 대신하려고 합니다.

먼저 실제로 일어난 사건이 평화교육의 가장 훌륭한 교재가 된다는 깨달음을 나누고 싶습니다. 저는 문재인 대통령이 15만 명이나 되는 북녘 사람들 앞에서 연설을 하리라고는 전혀 상상하지 못했습니다. 능라도 5·1경기장에서 대집단체조와 예술 공연이 끝나고 김정은 국무위원장의 소개에 이어 문 대통령의 연설이 시작되었습니다. 온몸에 전율이 일어날 정도의 충격과 감동 그리고 경기장을 가득 메운 함성에 압도되었습니다. 분단 이후 최대로 극적인 일이 일어나고 있고 그 현장에 내가 있다는 사실만이 너무 또렷했습니다. 그 현장에 북녘 각지에서 모인 남녀노소 다양한 사람들이 모여 있었고, 그이들의 얼굴에 놀라움과 감동이 피어오르는 것이 보였습니다. 남북 관계와 남녘에 대한 이미지에 거대한 변화가 일어났을 것입니다. 문 대통령의 연설은 7분에 불과했지만 남북을 통틀어 수많은 사람들의 의식세계에 일대 전환을 일으킨 문화적 사건이었습니다. 남북 관계의 미래를 구상하고 그 과정에 어떻게 참여하겠는가를 토의하기에 이보다 더 적합한 교재는 없을 것입니다. 이런 큰 사건만이 아니겠지요. 일상에서 겪는 소소한 사건들에 대하여 생생하게 체험을 나누며 이해와 공감의 폭을 넓히고, 우리 사회의 문제와 남북문제와 연관시켜가는 과정이 평화교육의 중심이 되어야 하겠습니다.

상대에 대하여 더 공정하도록 역지사지의 태도를 형성하는 데 평화교육이 힘을 쏟아야겠다는 생각도 하게 되었습니다. 정상회담 후 국회 대정부질문에서 어떤 자유한국당 의원이 회담 동안 왜 평양에 태극기가 없었냐고 물어보았는데, 이낙연 국무총리가 김 위원장이 서울에 온다고 인공기를 휘날릴 수 있겠냐고 반문하여 화제가 되었습니다. 어떤 언론사 기자가 "우리 회사 지국을 평양에 만들어야겠다"라고 해서, "그러면 북의 〈로동신문〉 지국도 서울에 만들도록 해야겠네"라고 물었더니 "그건 허락할 수 없다"고 답하더라는 말을 지인으로부터 들었습니다. 평소에는 합리적으로 판단하는 사람이 북에 대한 판단만은 지극히 이상하게 하는 경우가 아직도 많습니다. 북에 대해 큰 적대감을 갖고 있어서가 아니라 북측에 대해 찬찬히 생각해보고 남측과 공정하게 비교해볼 기회가 부족했기 때문일 것 같습니다. 남의 티끌만 보고 제 눈의 대들보는 간과하는 짓에서 벗어나 자신을 성찰하고 상대의 처지를 헤아리는 역지사지의 태도가 중요합니다. 그런 태도의 형성이 남북의 평화를 지향하는 교육의 기초가 되어야 한다고 생각합니다.

오래간만에 북녘에 다녀온 나에게 젊은 사람들이 옥류관 냉면을 먹은 소감과 백두산을 방문한 소감을 묻는 것을 보면서 교육의 소재와 주제가 더 삶에 다가가야 한다고 생각했습니다. 특히 젊은 세대가 미래의 남북 관계에 대해 관심과 호기심을 가질 수 있는 기회를 늘려야겠습니다. 평화가 진전되려면 법과 제도가 변화되어야 하지만, 그런 변화를 요구할 수 있도록 남북의 사람들이 교류하면 삶이 더 풍부해지고 다양해진다는 인식이 앞서야 하겠습니다. 또한 남북으로 경제 단위가 확대되면 자신의 경제활동 선택의 폭이 넓어진다는 인식도 생겨나야겠습니다. 즉 남북의 평화를 통해 삶의 패러다임이 넓어지는 상상력을 북돋는 교육이 필요하겠습니다.

제가 느낀 이러한 생각들은 오랫동안 평화교육을 펼쳐온 사람들이 제시하는 발전 방향과 맥이 닿아 있습니다. 한반도 평화를 지향하면서 더 인간다운 삶을 누릴 수 있도록 하는 평화교육의 방향을 제가 세 가지로 정리한 내용은 다음과 같습니다.[1]

첫째, 평화교육의 수준은 거시적 수준의 폭력을 감소시키는 '최소한의 평화'로부터 미시적 수준에서 일상 관계의 질을 향상시키는 '최대한의 평화'로 제고되어야 합니다. 제도 개선을 통해 국가폭력을 감소시키려는 노력뿐 아니라 나와 내 주위의 인간관계를 변화시켜서 삶의 질을 향상시키려는 관심을 북돋아야 합니다.

둘째, 평화교육의 범위는 전쟁과 폭행 등의 직접적 폭력을 해소하려는 소극적 접근에서부터 문화와 사회구조가 조장하는 간접적 폭력을 해소하려는 적극적 접근으로 확대되어야 합니다. 문화적 폭력 혹은 간접적 폭력은 주류 집단이 비주류 집단을 억압하고 착취하는 것을 정당화하기 위해 그 사람들의 열등함과 비도덕성을 조작하는 시도를 일컫습니다. 저소득층, 이주노동자, 여성, 장애인 등 사회적 약자들과 북녘 사람들의 이미지를 왜곡하는 상징 조작의 과정을 비판하고 동등한 인간으로 존중할 수 있어야 합니다.

셋째, 평화교육은 평화로운 사회구조와 문화를 창조할 수 있는 지식, 기술, 태도를 통합하는 인격 형성의 과정이 되어야 합니다. 지식의 전수에 치우친 교육으로부터 전인적 인간 형성 과정으로 전환할 것이 요구됩니다. 지식, 기술, 태도가 함께 증진되어야 지금까지의 정치체제와 경제체제를 물려받는 것이 아니라 평화롭게 살 수 있는 새로운 인간관계를 상상하고 창조할 수 있습니다.

아쉽게도 이번 책에서는 이러한 내용을 충분하게 담아내지 못했습

---

1. 이기범(2017). 「다원화시대의 공동선 모색을 위한 평화교육과 덕윤리」. 『다문화사회연구』 제10권 2호, 59-84.

니다. 필자들이 각자 고민하고 모색한 성과가 제시되기는 하였으나 치열한 토론을 통한 협업의 성과를 만들어내지 못한 점이 아쉬움으로 남습니다. 독자들께서 의견을 주시면 부족한 노력에 대한 격려로 소중하게 여기면서 더 깊이 있는 사유와 실천의 방향을 일구어나가도록 하겠습니다.

| 저자 소개 |

이기범

숙명여대 교육학부 교수로 평화단체 어린이어깨동무 이사장을 맡고 있다. 북녘을 쉰 번 오가며 어린이 병원, 콩우유 공장, 학용품 공장 만드는 일을 했고, 남북 어린이가 함께 만나는 날을 꿈꾸며 20년 넘게 평화교육을 펼쳐왔다. 통일교육협의회 공동의장과 민주평화통일자문회의 혁신위원회 위원장을 지냈으며, 대북협력민간단체협의회 회장, 공동육아와 공동체교육 이사, 한국다문화학회 회장을 맡아 우리 사회 곳곳에서 평화공동체로 나아가는 공감대 넓히기에 이바지하고 있다. 『남과 북 아이들에겐 철조망이 없다』, 『루소의 에밀 읽기』를 펴냈으며 공저로 『한반도 평화운동과 평화교육』, 『함께 크는 삶의 시작, 공동육아』가 있다.

현재   숙명여자대학교 교육학부 교수
       어린이어깨동무 이사장
       대북협력민간단체협의회 회장
       한국다문화학회 회장
       공동육아와공동체교육 이사

역임   통일교육협의회 공동의장
       민주평화통일자문회의 혁신위원회 위원장

이성숙

어린이어깨동무 활동가로 12년째 일하고 있다. 대북협력사업으로 활동을 시작했고, 지금은 평화교육활동을 하고 있다. 책에서 배우던 북녘 사회의 모습을 직접 보고, 아주 작더라도 평화에 보탬이 되는 활동을 하고 싶어 시작했던 일이 10년이 넘으니 진짜 나의 일이 되었다. 그동안 우리 사회의 평화와 평화교육, 북녘 어린이를 만나고 서로 돕는 활동 사이의 뗄 수 없는 관계를 알게 되었다.

현재 어린이어깨동무 평화교육센터 연구팀장

정영철

서강대학교 공공정책대학원 교수로 재직 중이며, 어린이어깨동무 평화교육센터 소장을 맡고 있다. 한반도의 평화와 통일에 관심을 가지고 꾸준히 활동하고 있다. 현재 교육부 학교평화통일교육 자문위원회 위원을 맡고 있고 북한연구학회 이사를 지냈다. 한반도의 모든 어린이들이 평화를 누리며 살 수 있는 세상을 꿈꾸고 있다. 지은 책으로는 『평화의 시선으로 분단을 보다』, 『한반도정치론』, 『북한과 미국: 대결의 역사』 등이 있다.

현재 서강대학교 공공정책대학원 교수
    어린이어깨동무 평화교육센터 소장
    교육부 학교평화통일교육 자문위원회 위원

정용민

월계고 교사로 통일교육의 개선과 평화교육의 적용을 위해 노력하고 있다. '통일을 생각하는 교사모임'과 '화해평화통일교육전국모임' 등을 통해 교육자료 개발과 전국단위 청소년통일캠프를 주도하였다. 6·15정상회담 이후 교사연구회인 '서울초중등학교통일교육연구회'를 발족하여 교사연수를 지속적으로 추진하였고, 수업활동과 학교활동을 위한 통일교육 교육자료 개발과 공유에 힘쓰는 등 학교통일교육의 활성화를 위해 힘써왔다. 북한대학원대학교에서 통일교육 전공으로 박사 학위를 받았으며, 경기도교육청에서 발행한 인정도서『통일시민』의 개발 전 과정에 참여하였다. 공저로『함께 배우고 나누는 세계의 교실』,『평화지향적 통일교육』이 있다.

현재   월계고등학교 교사
           교육부 평화통일교육자문위원회 위원

역임   서울초중등학교통일교육연구회 회장
           경기도교육청『통일시민』연구위원, 집필진
           민주평화통일자문회의 혁신위원회 위원

정진화

서울에서 중학교 학생들과 35년째 생활하고 있는 도덕 교사이다. 평화와 통일에 대한 주제로 학생들과 이야기 나누고 일상 속에서 평화와 민주주의가 어떻게 실현되어야 하는가에 관심을 갖고 실천해왔다. 현재 (사)새로운학교네트워크 이사로서 학생들이 행복하고 스스로 주인이 되는 새로운 학교를 만드는 일에 신명을 내고, 2030교육포럼 준비위원회 공동대표를 맡아 우리나라 교육정책에 관한 사회적 대화의 틀을 만드는 기초 작업을 하고 있다. 청소년문화연대 킥킥의 대표로서 청소년 웹진과 팟캐스트를 만드는 등 청소년들이 재미있고 행복한 삶을 살기 바라며 애쓰고 있다. 그동안 『교사, 학교를 바꾸다』를 펴냈고, 공저로 『거꾸로 읽는 통일 이야기』, 『거꾸로 읽는 한국사』, 『혁신학교에 대한 교육학적 성찰』 등이 있으며 『기쁨의 도시』와 『북극에서 온 편지』 등을 번역했다.

현재　강신중학교 교사
　　　(사)새로운학교네트워크 이사
　　　청소년문화연대 킥킥 대표
　　　2030교육포럼 준비위원회 공동대표
　　　국경없는교육가회 이사

역임　전국교직원노동조합 위원장

최관의

줄곧 서울에서 초등학교 교사로 지내고 있고 아이들이 행복한 세상, 있을 건 있고 없을 건 없는 평화로운 학교를 만들기 위해 애쓰고 있다. 2008년부터 한국글쓰기교육연구회 회보에 '어린 시절 이야기'를 3년, 교육 잡지 『우리 아이들』에 '관샘의 교실 이야기'를 4년 연재했다. 쓴 책으로는 『열다섯, 교실이 아니어도 좋아』, 『열일곱, 내 길을 간다』가 있다.

현재　서울율현초등학교 교장
　　　어린이어깨동무 평화교육센터 연구위원
　　　어린이어깨동무 평화교육센터 편집위원

삶의 행복을 꿈꾸는 교육은 어디에서 오는가?

미래 100년을 향한 새로운 교육 혁신교육을 실천하는 교사들의 **필독서**

▶ 교육혁명을 앞당기는 배움책 이야기
혁신교육의 철학과 잉걸진 미래를 만나다!

한국교육연구네트워크 총서

01 핀란드 교육혁명
한국교육연구네트워크 엮음 | 320쪽 | 값 15,000원

02 일제고사를 넘어서
한국교육연구네트워크 엮음 | 284쪽 | 값 13,000원

03 새로운 사회를 여는 교육혁명
한국교육연구네트워크 엮음 | 380쪽 | 값 17,000원

04 교장제도 혁명
한국교육연구네트워크 엮음 | 268쪽 | 값 14,000원

05 새로운 사회를 여는 교육자치 혁명
한국교육연구네트워크 엮음 | 312쪽 | 값 15,000원

06 혁신학교에 대한 교육학적 성찰
한국교육연구네트워크 엮음 | 308쪽 | 값 15,000원

07 진보주의 교육의 세계적 동향
한국교육연구네트워크 엮음 | 324쪽 | 값 17,000원

08 더 나은 세상을 위한 학교혁명
한국교육연구네트워크 엮음 | 404쪽 | 값 21,000원

혁신학교
성열관·이순철 지음 | 224쪽 | 값 12,000원

행복한 혁신학교 만들기
초등교육과정연구모임 지음 | 264쪽 | 값 13,000원

서울형 혁신학교 이야기
이부영 지음 | 320쪽 | 값 15,000원

혁신교육, 철학을 만나다
브렌트 데이비스·데니스 수마라 지음
현인철·서용선 옮김 | 304쪽 | 값 15,000원

혁신교육 존 듀이에게 묻다
서용선 지음 | 292쪽 | 값 14,000원

다시 읽는 조선 교육사
이만규 지음 | 750쪽 | 값 33,000원

대한민국 교육혁명
교육혁명공동행동 연구위원회 지음 | 224쪽 | 값 12,000원

한국교육연구네트워크 번역 총서

01 프레이리와 교육
존 엘리아스 지음 | 한국교육연구네트워크 옮김
276쪽 | 값 14,000원

02 교육은 사회를 바꿀 수 있을까?
마이클 애플 지음 | 강희룡·김선우·박원순·이형빈 옮김
356쪽 | 값 16,000원

**03 비판적 페다고지는
세상을 변화시킬 수 있는가?**
Seewha Cho 지음 | 심성보·조시화 옮김 | 280쪽 | 값 14,000원

04 마이클 애플의 민주학교
마이클 애플·제임스 빈 엮음 | 강희룡 옮김 | 276쪽 | 값 14,000원

05 21세기 교육과 민주주의
넬 나딩스 지음 | 심성보 옮김 | 392쪽 | 값 18,000원

**06 세계교육개혁:
민영화 우선인가 공적 투자 강화인가?**
린다 달링-해먼드 외 지음 | 심성보 외 옮김 | 408쪽 | 값 21,000원

대한민국 교사, 어떻게 가르칠 것인가?
윤성관 지음 | 320쪽 | 값 15,000원

아이들을 어떻게 가르칠 것인가
사토 마나부 지음 | 박찬영 옮김 | 232쪽 | 값 13,000원

모두를 위한 국제이해교육
한국국제이해교육학회 지음 | 364쪽 | 값 16,000원

경쟁을 넘어 발달 교육으로
현광일 지음 | 288쪽 | 값 14,000원

독일 교육, 왜 강한가?
박성희 지음 | 324쪽 | 값 15,000원

핀란드 교육의 기적
한넬레 니에미 외 엮음 | 장수명 외 옮김 | 456쪽 | 값 23,000원

한국 교육의 현실과 전망
심성보 지음 | 724쪽 | 값 35,000원

▶ 비고츠키 선집 시리즈

발달과 협력의 교육학 어떻게 읽을 것인가?

생각과 말
레프 세묘노비치 비고츠키 지음
배희철·김용호·D. 켈로그 옮김 | 690쪽 | 값 33,000원

도구와 기호
비고츠키·루리야 지음 | 비고츠키 연구회 옮김
336쪽 | 값 16,000원

어린이 자기행동숙달의 역사와 발달 I
L.S. 비고츠키 지음 | 비고츠키 연구회 옮김
564쪽 | 값 28,000원

어린이 자기행동숙달의 역사와 발달 II
L.S. 비고츠키 지음 | 비고츠키 연구회 옮김
552쪽 | 값 28,000원

어린이의 상상과 창조
L.S. 비고츠키 지음 | 비고츠키 연구회 옮김
280쪽 | 값 15,000원

연령과 위기
L.S. 비고츠키 지음 | 비고츠키 연구회 옮김
336쪽 | 값 17,000원

수업과 수업 사이
비고츠키 연구회 지음 | 196쪽 | 값 12,000원

비고츠키의 발달교육이란 무엇인가?
비고츠키교육학실천연구모임 지음 | 412쪽 | 값 21,000원

성장과 분화
L.S. 비고츠키 지음 | 비고츠키 연구회 옮김
308쪽 | 값 15,000원

의식과 숙달
L.S 비고츠키 | 비고츠키 연구회 옮김
348쪽 | 값 17,000원

분열과 사랑
L.S. 비고츠키 지음 | 비고츠키연구회 옮김
260쪽 | 값 16,000

관계의 교육학, 비고츠키
진보교육연구소 비고츠키교육학실천연구모임 지음
300쪽 | 값 15,000원

비고츠키 생각과 말 쉽게 읽기
진보교육연구소 비고츠키교육학실천연구모임 지음
316쪽 | 값 15,000원

비고츠키와 인지 발달의 비밀
A.R. 루리야 지음 | 배희철 옮김 | 280쪽 | 값 15,000원

교사와 부모를 위한 비고츠키 교육학
카르포프 지음 | 실천교사번역팀 옮김 | 308쪽 | 값 15,000원

▶ 살림터 참교육 문예 시리즈

영혼이 있는 삶을 가르치는 온 선생님을 만나다!

꽃보다 귀한 우리 아이는
조재도 지음 | 244쪽 | 값 12,000원

성깔 있는 나무들
최은숙 지음 | 244쪽 | 값 12,000원

아이들에게 세상을 배웠네
명혜정 지음 | 240쪽 | 값 12,000원

밥상에서 세상으로
김흥숙 지음 | 280쪽 | 값 13,000원

우물쭈물하다 끝난 교사 이야기
유기창 지음 | 380쪽 | 값 17,000원

선생님이 먼저 때렸는데요
강병철 지음 | 248쪽 | 값 12,000원

서울 여자, 시골 선생님 되다
조경선 지음 | 252쪽 | 값 12,000원

행복한 창의 교육
최창의 지음 | 328쪽 | 값 15,000원

북유럽 교육 기행
정애경 외 14인 지음 | 288쪽 | 값 14,000원

▶ 4·16, 질문이 있는 교실 마주이야기
통합수업으로 혁신교육과정을 재구성하다!

통하는 공부
김태호·김형우·이경석·심우근·허진만 지음
324쪽 | 값 15,000원

내일 수업 어떻게 하지?
아이함께 지음 | 300쪽 | 값 15,000원
2015 세종도서 교양부문

인간 회복의 교육
성래운 지음 | 260쪽 | 값 13,000원

교과서 너머 교육과정 마주하기
이윤미 외 지음 | 368쪽 | 값 17,000원

수업 고수들 수업·교육과정·평가를 말하다
박현숙 외 지음 | 368쪽 | 값 17,000원

도덕 수업, 책으로 묻고 윤리로 답하다
울산도덕교사모임 지음 | 320쪽 | 값 15,000원

체육 교사, 수업을 말하다
전용진 지음 | 304쪽 | 값 15,000원

교실을 위한 프레이리
아이러 쇼어 엮음 | 사람대사람 옮김 | 412쪽 | 값 18,000원

마을교육공동체란 무엇인가?
서용선 외 지음 | 360쪽 | 값 17,000원

교사, 학교를 바꾸다
정진화 지음 | 372쪽 | 값 17,000원

함께 배움
학생 주도 배움 중심 수업 이렇게 한다
니시카와 준 지음 | 백경석 옮김 | 280쪽 | 값 15,000원

공교육은 왜?
홍섭근 지음 | 352쪽 | 값 16,000원

자기혁신과 공동의 성장을 위한
교사들의 필리버스터
윤양수·원종희·장군·조경삼 지음 | 280쪽 | 값 14,000원

함께 배움 이렇게 시작한다
니시카와 준 지음 | 백경석 옮김 | 196쪽 | 값 12,000원

함께 배움 교사의 말하기
니시카와 준 지음 | 백경석 옮김 | 188쪽 | 값 12,000원

교육과정 통합, 어떻게 할 것인가?
성열관 외 지음 | 192쪽 | 값 13,000원

미래교육의 열쇠, 창의적 문화교육
심광현·노명우·강정석 지음 | 368쪽 | 값 16,000원

주제통합수업, 아이들을 수업의 주인공으로!
이윤미 외 지음 | 392쪽 | 값 17,000원

수업과 교육의 지평을 확장하는 수업 비평
윤양수 지음 | 316쪽 | 값 15,000원
2014 문화체육관광부 우수교양도서

교사, 선생이 되다
김태은 외 지음 | 260쪽 | 값 13,000원

교사의 전문성, 어떻게 만들어지나
국제교원노조연맹 보고서 | 김석규 옮김 392쪽 | 값 17,000원

수업의 정치
윤양수·원종희·장군 지음 | 280쪽 | 값 14,000원

학교협동조합,
현장체험학습과 마을교육공동체를 잇다
주수원 외 지음 | 296쪽 | 값 15,000원

거꾸로교실,
잠자는 아이들을 깨우는 수업의 비밀
이민경 지음 | 280쪽 | 값 14,000원

교사는 무엇으로 사는가
정은균 지음 | 292쪽 | 값 15,000원

마음의 힘을 기르는 감성수업
조선미 외 지음 | 300쪽 | 값 15,000원

작은 학교 아이들
지경준 엮음 | 376쪽 | 값 17,000원

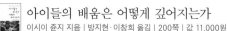
아이들의 배움은 어떻게 깊어지는가
이시이 준지 지음 | 방지현·이창희 옮김 | 200쪽 | 값 11,000원

대한민국 입시혁명
참교육연구소 입시연구팀 지음 | 220쪽 | 값 12,000원

교사를 세우는 교육과정
박승열 지음 | 312쪽 | 값 15,000원

전국 17명 교육감들과 나눈
교육 대담
최창의 대담·기록 | 272쪽 | 값 15,000원

들뢰즈와 가타리를 통해
유아교육 읽기
리세롯 마리엣 올슨 지음 | 이연선 외 옮김 | 328쪽 | 값 17,000원

동양사상에게 인공지능 시대를 묻다
홍승표 외 지음 | 260쪽 | 값 15,000원

 학교 민주주의의 불한당들
정은균 지음 | 276쪽 | 값 14,000원

 학교 혁신의 길, 아이들에게 묻다
남궁상운 외 지음 | 272쪽 | 값 15,000원

 교육과정, 수업, 평가의 일체화
리사 카터 지음 | 박승열 외 옮김 | 196쪽 | 값 13,000원

 프레이리의 사상과 실천
사람대사람 지음 | 352쪽 | 값 18,000원

 학교를 개선하는 교장
지속가능한 학교 혁신을 위한 실천 전략
마이클 풀란 지음 | 서동연·정효준 옮김 | 216쪽 | 값 13,000원

 혁신학교, 한국 교육의 미래를 열다
송순재 외 지음 | 608쪽 | 값 30,000원

 공자뎐, 논어는 이것이다
유문상 지음 | 392쪽 | 값 18,000원

 페다고지를 위하여
프레네의『페다고지 불변요소』읽기
박찬영 지음 | 296쪽 | 값 15,000원

 교사와 부모를 위한
발달교육이란 무엇인가?
현광일 지음 | 380쪽 | 값 18,000원

 노자와 탈현대 문명
홍승표 지음 | 284쪽 | 값 15,000원

 교사, 이오덕에게 길을 묻다
이무완 지음 | 328쪽 | 값 15,000원

 선생님, 민주시민교육이 뭐예요?
염경미 지음 | 244쪽 | 값 15,000원

 낙오자 없는 스웨덴 교육
레이프 스트란드베리 지음 | 변광수 옮김 | 208쪽 | 값 13,000원

 어쩌다 혁신학교
유우석 외 지음 | 380쪽 | 값 17,000원

 끝나지 않은 마지막 수업
장석웅 지음 | 328쪽 | 값 20,000원

 미래, 교육을 묻다
정광필 지음 | 232쪽 | 값 15,000원

 대구, 박정희 패러다임을 넘다
세대열 엮음 | 292쪽 | 값 20,000원

 대학, 협동조합으로 교육하라
박주희 외 지음 | 252쪽 | 값 15,000원

 경기꿈의학교
진흥섭 외 지음 | 360쪽 | 값 17,000원

 입시, 어떻게 바꿀 것인가?
노기원 지음 | 306쪽 | 값 15,000원

 학교를 말한다
이성우 지음 | 292쪽 | 값 15,000원

 촛불시대, 혁신교육을 말하다
이용관 지음 | 240쪽 | 값 15,000원

 행복도시 세종, 혁신교육으로 디자인하다
곽순일 외 지음| 392쪽 | 값 18,000원

 라운드 스터디
이시이 테루마사 외 엮음 | 224쪽 | 값 15,000원

▶남북이 하나 되는 두물머리 평화교육
분단 극복을 위한 치열한 배움과 실천을 만나다

 10년 후 통일
정동영·지승호 지음 | 328쪽 | 값 15,000원

 선생님, 통일이 뭐예요?
정경호 지음 | 252쪽 | 값 13,000원

 분단시대의 통일교육
성래운 지음 | 428쪽 | 값 18,000원

 김창환 교수의 DMZ 지리 이야기
김창환 지음 | 264쪽 | 값 15,000원

한반도 평화교육 어떻게 할 것인가
이기범 외 지음 | 252쪽 | 값 15,000원

▶ 교과서 밖에서 만나는 역사 교실
상식이 통하는 살아 있는 역사를 만나다

 전봉준과 동학농민혁명
조광환 지음 | 336쪽 | 값 15,000원

 남도의 기억을 걷다
노성태 지음 | 344쪽 | 값 14,000원

 응답하라 한국사 1·2
김은석 지음 | 356쪽·368쪽 | 각권 값 15,000원

 즐거운 국사수업 32강
김남선 지음 | 280쪽 | 값 11,000원

 즐거운 세계사 수업
김은석 지음 | 328쪽 | 값 13,000원

 강화도의 기억을 걷다
최보길 지음 | 276쪽 | 값 14,000원

 광주의 기억을 걷다
노성태 지음 | 348쪽 | 값 15,000원

 **선생님도 궁금해하는
한국사의 비밀 20가지**
김은석 지음 | 312쪽 | 값 15,000원

 걸림돌
키르스텐 세룹-빌펠트 지음 | 문봉애 옮김
248쪽 | 값 13,000원

 역사수업을 부탁해
열 사람의 한 걸음 지음 | 388쪽 | 값 18,000원

 진실과 거짓, 인물 한국사
하성환 지음 | 400쪽 | 값 18,000원

 교과서 밖에서 배우는 역사 공부
정은교 지음 | 292쪽 | 값 14,000원

 팔만대장경도 모르면 빨래판이다
전병철 지음 | 360쪽 | 값 16,000원

 빨래판도 잘 보면 팔만대장경이다
전병철 지음 | 360쪽 | 값 16,000원

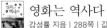 **영화는 역사다**
강성률 지음 | 288쪽 | 값 13,000원

 친일 영화의 해부학
강성률 지음 | 264쪽 | 값 15,000원

 한국 고대사의 비밀
김은석 지음 | 304쪽 | 값 13,000원

 조선족 근현대 교육사
정미량 지음 | 320쪽 | 값 15,000원

 다시 읽는 조선근대교육의 사상과 운동
윤건차 지음 | 이명실·심성보 옮김 | 516쪽 | 값 25,000원

 음악과 함께 떠나는 세계의 혁명 이야기
조광환 지음 | 292쪽 | 값 15,000원

 논쟁으로 보는 일본 근대교육의 역사
이명실 지음 | 324쪽 | 값 17,000원

 다시, 독립의 기억을 걷다
노성태 지음 | 320쪽 | 값 16,000원

▶ 평화샘 프로젝트 매뉴얼 시리즈
학교 폭력에 대한 근본적인 예방과 대책을 찾는다

 학교 폭력 어떻게 만들어지는가
문재현 외 지음 | 300쪽 | 값 14,000원

 학교 폭력, 멈춰!
문재현 외 지음 | 348쪽 | 값 15,000원

 왕따, 이렇게 해결할 수 있다
문재현 외 지음 | 236쪽 | 값 12,000원

 젊은 부모를 위한 백만 년의 육아 슬기
문재현 지음 | 248쪽 | 값 13,000원

 우리는 마을에 산다
유양우·신동명·김수동·문재현 지음 | 312쪽 | 값 15,000원

 아이들을 살리는 동네
문재현·신동명·김수동 지음 | 204쪽 | 값 10,000원

 평화! 행복한 학교의 시작
문재현 외 지음 | 252쪽 | 값 12,000원

 마을에 배움의 길이 있다
문재현 지음 | 208쪽 | 값 10,000원

별자리, 인류의 이야기 주머니
문재현·문한뫼 지음 | 444쪽 | 값 20,000원

▶ 더불어 사는 정의로운 세상을 여는 인문사회과학
사람의 존엄과 평등의 가치를 배운다

밥상혁명
강양구·강이현 지음 | 298쪽 | 값 13,800원

좌우지간 인권이다
안경환 지음 | 288쪽 | 값 13,000원

도덕 교과서 무엇이 문제인가?
김대용 지음 | 272쪽 | 값 14,000원

민주시민교육
심성보 지음 | 544쪽 | 값 25,000원

자율주의와 진보교육
조엘 스프링 지음 | 심성보 옮김 | 320쪽 | 값 15,000원

민주시민을 위한 도덕교육
심성보 지음 | 500쪽 | 값 25,000원
2015 세종도서 학술부문

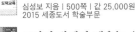

민주화 이후의 공동체 교육
심성보 지음 | 392쪽 | 값 15,000원
2009 문화체육관광부 우수학술도서

교과서 밖에서 배우는 인문학 공부
정은교 지음 | 280쪽 | 값 13,000원

갈등을 넘어 협력 사회로
이창언·오수길·유문종·신윤관 지음 | 280쪽 | 값 15,000원

오래된 미래교육
정재걸 지음 | 392쪽 | 값 18,000원

동양사상과 마음교육
정재걸 외 지음 | 356쪽 | 값 16,000원
2015 세종도서 학술부문

대한민국 의료혁명
전국보건의료산업노동조합 엮음 | 548쪽 | 값 25,000원

교과서 밖에서 배우는 철학 공부
정은교 지음 | 280쪽 | 값 14,000원

교과서 밖에서 배우는 고전 공부
정은교 지음 | 288쪽 | 값 14,000원

교과서 밖에서 배우는 사회 공부
정은교 지음 | 304쪽 | 값 15,000원

전체 안의 전체 사고 속의 사고
김우창의 인문학을 읽다
현광일 지음 | 320쪽 | 값 15,000원

교과서 밖에서 배우는 윤리 공부
정은교 지음 | 292쪽 | 값 15,000원

카스트로, 종교를 말하다
피델 카스트로·프레이 베토 대담 | 조세종 옮김
420쪽 | 값 21,000원

한글 혁명
김슬옹 지음 | 388쪽 | 값 18,000원

일제강점기 한국철학
이태우 지음 | 448쪽 | 값 25,000원

▶ 창의적인 협력 수업을 지향하는 삶이 있는 국어 교실
우리말 글을 배우며 세상을 배운다

중학교 국어 수업 어떻게 할 것인가?
김미경 지음 | 340쪽 | 값 15,000원

토론의 숲에서 나를 만나다
명혜정 엮음 | 312쪽 | 값 15,000원

토닥토닥 토론해요
명혜정·이명선·조선미 엮음 | 288쪽 | 값 15,000원

인문학의 숲을 거니는 토론 수업
순천국어교사모임 엮음 | 308쪽 | 값 15,000원

어린이와 시
오인태 지음 | 192쪽 | 값 12,000원

수업, 슬로리딩과 함께
박경숙·강슬기·김정욱·장소현·강민정·전혜림·이혜민 지음
268쪽 | 값 15,000원

▶출간 예정